Barbara Landes

Schiff ohne Anker

*Weiterleben nach dem frühen Tod
der Mutter oder des Vaters*

Erfahrungen

edition-weiterleben 1

1. Auflage Oktober 2013
© Lamago Verlag München
www.edition-weiterleben.de
www.lamagoverlag.de
Alle Rechte vorbehalten
Lektorat: Kristina Grasse, München
Umschlag: Carolin Leyck, München
Satz: Anton Kriegler, FL-9490 Vaduz
Druck und Bindung: Kösel, Krugzell
Printed in Germany
ISBN 978-3-944839-01-1

Inhalt

Einleitung *7*

Die Hülle *11*

Ein spätes Opfer *31*

Fünf Minuten *45*

Die starke Hand *61*

Dunkle Jahre *81*

Anmerkung *101*

Dank *102*

Einleitung

Was geschieht mit einem Kind, wenn die Mutter oder der Vater stirbt? Welche Wege schlägt es ein, um mit dem Schmerz umzugehen? Wie gestaltet sich sein weiterer Lebensweg?

Dieses Buch lässt fünf Betroffene für sich selbst sprechen. Inzwischen erwachsen erzählen sie, wie sie den Verlust erlebten, wie sie sich dabei fühlten, was sie als hilfreich und was als zusätzlich belastend empfunden haben. Aus der Distanz von 30, 40, 50 Jahren schildern sie ihr *Weiterleben*, sprechen von Höhen und Tiefen, von aufbrechenden und heilenden Narben, von Beziehungsmustern und von persönlichen Schwächen und Stärken.

Während der Interviews riefen die Erinnerungen der Halbwaisen in mir immer wieder das Bild eines Schiffes hervor, dessen einer Anker gekappt wurde und dessen anderer Anker, der verwitwete Elternteil, den Halt verloren hat. Wie ein solches Schiff möglichst den Sturm vermeiden wird, so wird auch ein verwaistes Kind das ganze Ausmaß des Verlustes, mitsamt der Trauer, den Ängsten und der Einsamkeit zunächst verdrängen.

Viele Kinder wünschen sich nach dem Todesfall so viel Normalität wie möglich. Sie spielen und lachen, als sei nichts geschehen, schießen dabei womöglich über das Ziel hinaus und sind sogar übermäßig ausgelassen. Oder aber sie geraten über jede Kleinigkeit in Wut, werden aggressiv und widerborstig. Die einen verhalten sich brav, fleißig und angepasst, andere ziehen sich tief in sich zurück. Was sich dahinter verbirgt, wird oft übersehen.

Erst nach und nach wird der Tod der Mutter oder des Vaters zur Lebenswirklichkeit. Wie Kinder, Jugendliche und die Erwachsenen, zu denen sie werden, den Verlust verarbeiten, hängt dabei auch vom Verhalten der Umwelt ab. Im Idealfall gibt es Menschen, die zuhören und hinsehen, die auf vielfältige Weise einbinden, die Sicherheit, Wärme und Zugehörigkeit vermitteln und für die nötige Stabilität sorgen, um Vertrauen in neue verlässliche Verbindungen wachsen zu lassen.

Da jedoch das Umfeld meist nicht *ideal*, sondern ziemlich *real* ist, oft außerstande, dem „Schiff ohne Anker" ausreichend Hilfsanker zur Verfügung zu stellen, entwickelt der junge Mensch seine eigenen Strategien. Manche manövrieren ausschließlich in ungefährlichen Gewässern, andere entwickeln ein hochsensibles Warnsystem für drohende Gefahren, wieder andere entscheiden sich – allen negativen Erfahrungen zum Trotz – für ein starkes Vertrauen in das Leben, so, wie es nun einmal ist.

Die Teilnehmenden an diesem Buchprojekt haben den Mut bewiesen, sich selbst ohne „rosa Brille" den Spiegel vorzuhalten, ihr Leben zu betrachten und andere an ihren sehr persönlichen Erfahrungen teilhaben zu lassen. Für die Offenheit, das Vertrauen und die Kraft, die sie für diesen Schritt aufgebracht haben, gilt ihnen mein tiefer Dank und Respekt.

Obwohl jede der fünf Lebensgeschichten auf ihre Weise einzigartig ist, werden sich andere Betroffene darin immer wieder auch selbst finden. Vielleicht trägt das Wiedererkennen von Lebensmustern, Gedanken und Gefühlen, die im Leben immer wieder aufflackern mögen, bei manchen dazu bei, das eigene Schicksal anzunehmen. Denn wer sich von den Schatten nicht in die lebenslange Verdrängung treiben lässt, wird auch die Sonnenseite, das Glück und die Freude in vollen Zügen genießen können.

Wenn es gelingt, darüber hinaus auch Angehörigen, Freunden und Interessierten ein Stück weit näherzubringen, was es für einen Menschen bedeutet, schon früh im Leben mit dem Tod konfrontiert worden zu sein, hat dieses kleine Buch seine Aufgabe erfüllt.

München, im Mai 2013
Barbara Landes

Die Hülle

Meine erste eigene Erinnerung ist wie ein schwarzer Balken. Ich war zweieinhalb Jahre alt. Der Papa lag im Wohnzimmer aufgebahrt, unter dem Fenster. Ich erinnere mich, wie ich am Eingang zur Küche stand, neben dem Schrank im Korridor, und die Verwandten am Sarg vorbeiziehen sah.

An meinen lebendigen Vater habe ich nur fremde, keine eigenen Erinnerungen. Meine Eltern heirateten 1964, als meine Mutter schon schwanger war, sie zogen aus ihren beiden Dörfern zusammen in die Kleinstadt und kauften ein Haus. Mein Vater arbeitete als Braumeister in einer Bierbrauerei. Dann kamen erst die großen Kinder: meine Schwester 1965, mein Bruder 1967, dann noch einmal ein Sohn, der aber kurz nach der Geburt starb.

Ich wurde 1972 als wahrscheinlich ungeplanter, aber willkommener Nachzügler geboren. Meine Mutter erzählte mir später nur wenig: „Er hat dich sehr gemocht." Oder: „Er ist immer mit dir spazieren gegangen."

Viel mehr wusste ich nicht. Nur, dass meine Schwester der Star war, Papas Liebling. Trotzdem sehe ich diese erste Zeit, an die ich keine echte Erinnerung habe, als gute Zeit, als helle Zeit.

Dann erkrankte mein Vater mit 37 Jahren an einer schweren Depression. Er nahm sich das Leben.

Bei der Beerdigung war ich nicht dabei. Ich erinnere mich daran, wie die alte Nachbarin auf mich aufpasste, wie sie mir einen Kakao kochte, vor dem mir ekelte, den ich aber trotzdem trinken musste. Das fand ich schrecklich.

Zu der Zeit danach gibt es noch eine Empfindung: Die Küche war nur wenig beleuchtet, es war so, als hinge immer ein grauer Schleier über uns. Zuerst schliefen wir alle in einem Bett, dann, nach und nach, war nur noch ich neben Mama in dem großen Ehebett übrig. Es gab noch kein Kinderzimmer für mich und das sollte auch noch lange so bleiben.

Eine andere, etwas spätere Erinnerung: Unser Friedhof ist groß, in der Mitte steht ein Brunnen, und das Grab vom Vater liegt ein Stück Richtung Kapelle hangaufwärts auf der linken Seite. Ich bin nie mit hinaufgegangen, blieb immer beim Brunnen stehen. Obwohl ich gar nicht wusste, was genau es dort eigentlich gab, denn das wurde mir nie deutlich gesagt.

Er war eben weg.

Mein Vater war einfach weg. Punkt.

Die Mama hat mir immer stark vermittelt: „Es geht auch ohne." Sie arbeitete viel, in Heimarbeit, und da das Haus durch die Lebensversicherung abgezahlt war, kamen wir einigermaßen zurecht. Aber es war hart für sie. Von ihrer Familie bekam sie keinerlei Unterstützung, weder von den Geschwistern noch von den Eltern. Diese kamen im Gegenteil immer noch zu ihr, wenn sie es zuhause nicht aushielten.

Nach dem Tod vom Opa musste meine Mutter auch noch die Oma pflegen, obwohl diese Aufgabe als Erben des Bauernhofs eigentlich ihrem Bruder zugefallen wäre. Der aber sagte: „Wir haben keine Zeit, wir müssen so viel arbeiten." Die Schwester sagte, sie habe ja noch Mann und Kinder zu versorgen und könne deswegen nicht. Das war für uns ganz schlimm, weil nun zum einen die Mutter noch mehr Arbeit hatte und weil zum anderen die Oma alles andere als ein angenehmer Mensch war. Sie zog nicht nur in unser Haus, sie zog auch gleich in unser Bett. Da lagen jetzt die Mama, die Oma und ich. Ich in der Mitte. Die Oma war mir unangenehm. Ich weiß noch, wie ich abends beim Einschlafen immer so lange herumwurschtelte, bis ich mit dem Kopf nach unten lag. Ich spüre noch heute geradezu körperlich diese Enge. Ich hatte keinerlei Raum für mich.

Es war furchtbar für meine Mutter, von der Familie so behandelt zu werden, aber sie hatte wegen des Todes meines Vaters vermutlich so sehr mit ihren Schuldgefühlen zu tun, dass sie sich gegenüber den Forderungen anderer nicht gut abgrenzen konnte. Sie ließ sich so viel gefallen. Die Frau von Papas Bruder sagte einmal: „Hast du denn deinen Mann überhaupt geliebt?" Als ob sie selbst schuld wäre an seinem Tod! Nach dem Selbstmord des Vaters erlitt auch sein Zwillingsbruder erste Episoden einer manischen Depression. Absurderweise wurde die Schuld wieder bei meiner Mutter gesucht, man unterstellte ihr sogar, etwas mit dem Bruder meines Vaters angefangen zu haben. Seine Frau ging so weit, bei den Nachbarn anzurufen, ob ihr Mann bei uns sei. Die Tendenz, die Schuld bei meiner Mutter abzuladen, war sehr ausgeprägt. Ein anderer Nachbar sagte sogar einmal zu ihr, dass es unglaublich sei, was mein Vater mit seinem Selbstmord seiner (des Nachbarn!) Frau angetan hätte. Es war schon fast normal, dass meine Mutter sich so etwas anhören musste.

Selbstmord war damals noch ein absolutes Tabuthema. Dabei war er in dieser Generation weit verbreitet: Allein in unserer Straße ist es über die Jahre in drei Häusern zu insgesamt vier Selbstmorden gekommen. Natürlich lief da auch bei mir im Hintergrund die Angst immer mit, besonders die Angst um meinen Bruder. Wenn er lange weg war und einfach nicht auftauchte, hatte ich immer Angst, dass etwas passiert wäre, vor dem inneren Auge sah ich ihn dann schon irgendwo hängen. Diese Angst sitzt tief. Ganz allgemein habe ich die Tendenz, vom Schlimmsten auszugehen, wenn etwas nicht glattläuft. Diese Angst habe ich einerseits von der Mutter übernommen, andererseits rührt sie sicher auch aus meiner frühkindlichen Erfahrung. Der Vater war gestorben und auch die Mutter war daraufhin nicht mehr mit ihrer Aufmerksamkeit bei mir, war traumatisiert und lebte eine Zeit lang mit Beruhigungsmitteln. Ich weiß nicht, ob sie überhaupt richtig trauern durfte. Sie musste ja gleich wieder nach außen funktionieren und den Schein wahren. Auch das habe ich stark verinnerlicht: immer gut funktionieren, immer arbeiten, immer machen.

Es wurde nicht geredet, auch später, als ich älter war, wurde mir noch lange nichts erklärt. Aber ich muss etwas gespürt haben, denn ich kam mir immer seltsam vor. Wir lebten ja in einer Kleinstadt, und ich hatte das Gefühl, dass die Leute uns komisch ansahen. Aber niemals sprach jemand darüber, ich habe auch keine Erinnerung, dass mich irgendein Außenstehender, ein Lehrer oder Freund, jemals darauf angesprochen hätte. So kam ich zu der Überzeugung, dass ich selbst es war, an der etwas komisch sein musste, und dieses Gefühl sollte mich noch sehr lange begleiten.

Gleichzeitig wurde uns immer gesagt: „Bei uns ist alles in Ordnung." „Bei uns ist alles gut." Immer wieder wurde das betont, gerne kombiniert mit dem Spruch: „Wir schaffen das auch allein."

Dieses *Bei uns ist alles in Ordnung* habe ich ganz stark verinnerlicht.

Ich denke, jeder von uns hat aus der ganzen Sache seine Probleme davongetragen. Es ist unmöglich zu sagen, die einen hätten mehr gelitten und die anderen weniger.

Bei mir hieß es: Die kapiert das nicht, die ist noch zu klein, die kriegt das gar nicht richtig mit. Dabei hing ich als Kleinste am tiefsten mit drin, schlief jede Nacht mit meiner Mutter in einem Bett, bis ich 13 Jahre alt war. Erst, als meine Schwester zum Studieren wegging, wurde ein Zimmer für mich frei, und selbst da musste ich noch hart daran arbeiten, meine Mutter zu überzeugen.

Ich war sehr angepasst. Unbewusst verhielt ich mich immer nach dem Leitsatz: Falle ja niemandem auf, mache ja niemandem Sorgen. Sei immer lieb und nett und halte dich von Konflikten fern. Wenn Kinder einen Elternteil verlieren, ist unbewusst die Angst groß, dass der andere Elternteil auch verloren geht. Die Kinder versuchen deshalb, aus allem das Beste zu machen. Ohne Ärger. Ich kann mich nicht erinnern, ob meine Geschwister es genauso gehalten haben, sie waren ja auch schon sieben und zehn, als mein Vater starb, aber ich denke, doch, sie werden es wohl auch auf ihre Weise getan haben. Ich jedenfalls habe das total verinnerlicht. Erst jetzt bin ich dabei, das zu verstehen und langsam abzulegen.

Meine Schwester und ich haben beide studiert und mein Bruder hat zwei Ausbildungen absolviert. Die Leute in der Kleinstadt fanden es gar nicht gut, dass meine Schwester aufs Gymnasium ging und Abitur machte, sie meinten, sie solle lieber eine Lehre machen und die Mutter finanziell unterstützen. Ich rechne es meiner Mutter hoch an, dass sie uns das ermöglichte. Allerdings durfte ich nach der vierten Klasse nicht aufs Gymnasium, weil es zu dieser Zeit bei meiner Schwester Schwierigkeiten in der Schule gab, und da wollte meine Mutter erst mal nicht zwei Kinder auf dem Gymnasium haben. Ich mag mir manchmal gedacht haben, dass das mir gegenüber nicht ganz fair war, habe aber nie ein großes Thema daraus gemacht, sondern einfach später mein Fachabitur gemacht und Musikpädagogik studiert.

Mit der Pubertät wurde mein Bruder ziemlich schwierig. Er ging wahnsinnig viel weg, mit den Kumpels wurde getrunken und gekifft. Dann gab es wieder Zeiten, in denen er nur im Bett lag. Damals bahnte sich an, was sich später voll ausbilden sollte: eine bipolare Störung, auch er ist manisch-depressiv. Ich war damals immer die Mittlerin. Wenn es ihm mal gut ging, ging es mir schlecht, das war irgendwie eng miteinander verknüpft. Ich stand dazwischen und sorgte für Ausgleich, übernahm auch seine Aufgaben, damit Mama sich nicht über ihn ärgerte. Mein Bruder und ich waren sehr eng miteinander. Die Schwester war schon damals außen vor. Es war nicht die optimale Konstellation.

Auch aus der Verwandtschaft kamen blöde Geschichten. Die Schwester meiner Mutter etwa trug gerne die Nase nach oben. Wenn ihre Familie bei uns zu Besuch war, sahen sie immer auf uns herab, wir seien zu dick, würden zu ungesund essen, hätten zu viele Freiheiten etc. Die Tante hielt sich für „besser" und das ließ sie meine Mutter und uns bei jeder Gelegenheit spüren. Meine Mutter war in ihrer Familie schon immer für die Arbeit zuständig gewesen, weshalb sie auch die Oma alleine zu pflegen hatte, während ihre Schwester nur ab und an zu Besuch kam und alles besser wusste. Wir Kinder wurden mit strengem Blick beobachtet. Das ging so weit, dass ihr Mann sogar die Vormundschaft für uns übernehmen wollte. Falls die Mama nicht mehr mit den Kindern klarkäme, hieß es. Ich bin nur heilfroh, dass daraus nie etwas wurde. Wenn ich an den Kontakt zu diesem Teil der Familie denke, dann zieht sich bei mir alles zusammen. Meine Kindheit war schon stark bestimmt durch das, was meine Mutter durchmachen musste.

Ich war für die Mama wohl auch der Ersatz für den Vater. Wenn wir zusammen einen Film ansahen und es kam zu einer Kuss-Szene, dann umarmte sie mich immer und drückte mich und sagte: „Das brauchen wir nicht. Das können wir auch selbst." Sie merkte das gar nicht, genauso wenig, wie sie verstand, dass ich langsam mal ein eigenes Bett und Zimmer brauchen konnte. Ich habe verinnerlicht: „Man braucht keinen Mann, man kann das alles selbst."

Als ich später begann, abends auszugehen, sagte sie immer: „Bleib anständig!" Als ich die ersten Freunde hatte, war das ganz schwierig und komisch. Sie ließ mich zwar gehen, aber ich hatte immer ein blödes Gefühl, ein schlechtes Gewissen. Wenn ich mich in meiner Sexualität ausprobierte, tat ich das nur bis zu einem gewissen Punkt, die anderen Mädchen waren da viel weiter. Es hatte einfach einen schlechten Beigeschmack. „Das tut man nicht!" „Das braucht man nicht!" „Binde dich bloß nicht zu früh an einen Mann!" Immer begleiteten mich diese inneren Stimmen, obwohl ich nicht einmal sicher bin, ob sie das so wörtlich überhaupt ausgesprochen hat. Ermutigt wurde ich jedenfalls nie.

Meine Mutter selbst hatte mir nie gesagt, dass mein Vater sich umgebracht hat. Als ich 17 war, eröffnete mir meine Schwester erstmals, was damals passiert war. Ich kann mich an die Situation, in der ich es erfuhr, kaum erinnern, nur dass wir dabei spazieren gingen, dass es Abend wurde, dass wir heimgingen und ich in mein Zimmer verschwand. Mehr weiß ich nicht mehr. Mit der Mutter sprach ich auch danach nicht darüber. Das Motto „Bei uns ist alles in Ordnung" galt weiterhin. Was auch immer passierte, es konnte eigentlich gar nicht schlimm sein. Weil das Schlimmste ja auch nicht schlimm war. Nichts war schlimm. Das war die Haltung.

Ich erinnere mich nicht an meine Gefühle, als ich es erfuhr, Zorn oder Wut jedenfalls waren nicht dabei. Denn das gab es bei uns nicht. Ich suchte immer nach Entschuldigungen: Die Mutter konnte halt nicht anders. Es ging eben nicht.

Ich bestand nicht darauf nachzufragen. Auch meinen Bruder sprach ich nicht darauf an. Wir waren zu diesem Zeitpunkt schon die Meister im Verdrängen.

Erst viel später erfuhr ich, dass mein Bruder den Vater auch gesehen hatte, damals. Die Mutter hatte ihn gefunden, als er sich im Schuppen vor dem Haus aufgehängt hatte, und war zu den Nachbarn gelaufen, um Hilfe zu holen. Und in der Zeit, als sie weg war, muss mein Bruder, der damals sieben war, rausgelaufen sein und ihn gesehen haben. Er hat das immer für sich behalten. Erst als Erwachsener hat er es mir erzählt.

Ich begehrte nicht auf. Die Aggression ging nach innen.

Im Alter zwischen 17 und Anfang 20 hatte ich immer wieder Phasen, in denen es mir nicht gut ging, in denen ich Einbrüche erlitt. Ich nahm das als gegeben hin. Im Studium steigerte sich das Ganze so sehr, dass ich ein Jahr aussetzte. Ich hatte eine Depression und war in einem elenden Zustand. Ich begann damit, mich zu ritzen, was ganz viel mit Aggression und Wut zu tun hat, die nicht nach außen gehen kann, sondern sich gegen einen selbst richtet.

Ich machte eine Psychoanalyse, in der der Selbstmord des Vaters, die ganze Familienkonstellation und meine Stellung darin aufgearbeitet wurden. In dieser Zeit hatte ich ein ganzes Jahr lang überhaupt keinen Kontakt zu meiner Familie.

Meine Schwester hält mir das heute noch vor. Die Beziehung zu ihr ist ohnehin eher schwierig. Wenn sie während meiner Teenager-Zeit, als sie schon auswärts studierte, nach Hause zu Besuch kam und ich versuchte, ihr davon zu erzählen, dass es mir nicht so gut ging, sagte sie immer zu mir: „Was uns nicht umbringt, macht uns stark." Jedes Mal, wenn sie das sagte, entfernte es mich von ihr. Irgendwann hat sie mich dadurch verloren. Ich zog mich zurück, weil ich das Gefühl hatte, dass sie mich ohnehin nicht verstehen wollte. Im Nachhinein hat sie uns auch vorgeworfen, dass wir nicht einmal ahnten, wie sehr sie selbst gelitten hätte. Sie hatte aber nie etwas herausgelassen, nie etwas gesagt, und ich konnte es schließlich nicht riechen. Keiner von uns hat sich jemals mit dem anderen ausgetauscht, wie er sich fühlte. Das war eine große Grauzone zwischen uns.

Ich glaube, dass der Verlust des Vaters die Geschwistersituation sehr kompliziert gemacht hat. Meine Schwester war immer der Liebling von Vater und Großvater gewesen, sie war diejenige, die alles ganz toll konnte, und ich war die Kleine, die irgendwo in der Ecke hockte. Vielleicht hat deshalb die Mutter mehr zu mir gehalten.

Erst viel später kam es zu Gesprächen. Vor allem mit meinem Bruder, da ist es leichter, weil wir uns einfach näher sind. Mit meiner Schwester sind die Gespräche nach wie vor sehr belastet. Sie gibt mir immer das Gefühl, etwas falsch gemacht zu haben, auch wenn sie ihre Vorwürfe immer mit dem Nachsatz: „Aber ich will dir ja keine Vorwürfe machen" beendet.

Wir haben uns jetzt über ein Jahr nicht gesehen, dafür aber Briefe mit Rechtfertigungen und Gegendarstellungen ausgetauscht. Im Moment sehe ich keinen Weg, unseren Konflikt zu lösen, denn sie ist beherrscht von dem Gefühl, dass sie nie von jemandem gesehen worden sei, immer nur die anderen. Ich habe ihr schon lange vorgeschlagen, eine Therapie zu machen, aber sie meint, sie hätte wegen der Kinder keine Zeit dafür.

Während meine Schwester heiratete und eine Familie gründete, ging ich nach dem Studium nach Istanbul, um dort an einer deutschen Schule zu arbeiten. Ein neuer Lebensabschnitt begann. Die Zeit in Istanbul war wichtig für mich.

Doch die Problematik mit meinem Bruder – seine manische Depression – wurde immer schwieriger. Während meiner Abwesenheit eskalierte sie und er wurde in die Psychiatrie eingewiesen. In den fünf Jahren, die ich fort war, wiederholte sich das dreimal. Neben meiner Mutter musste sich darum hauptsächlich meine Schwester kümmern, die damals zwei kleine Kinder hatte, das war sicher nicht leicht für sie. Ich selbst war dankbar für den Abstand, aber es hat mich doch auch sehr mitgenommen und ich hatte ein schlechtes Gewissen, nicht vor Ort zu sein.

Nach fünf Jahren wollte ich zurück. Ich hatte in Istanbul meinen Mann kennen gelernt und wir kamen gemeinsam nach Deutschland. Seither habe ich die amtliche Betreuung für meinen Bruder. Das ist gut, denn wenn er in die Klinik muss, kann ich ihn nun einweisen, kann mit den Ärzten reden und ihn in seinem Sinne vertreten.

2010 verließ ich meinen Mann, weil sich mit ihm das Beziehungsmuster wiederholt hatte, dass ich mich den Bedürfnissen anderer unterordnete. Ich war schon lange nicht mehr glücklich mit ihm. Nach der Scheidung dachte ich: Jetzt geht das Leben los, jetzt starte ich durch!

Stattdessen kam eine schlimme Depression.

Erstmals tauchte der Gedanke auf: Ich muss jetzt das tun, was der Vater getan hat. Ich muss das jetzt tun. Es gab Abende, an denen ich nicht wusste, wie ich die Nacht alleine überstehen sollte. Morgens kam ich kaum aus dem Bett, nach dem Bad war ich schon wieder völlig fertig. Ich befand mich an einem Punkt, an dem ich nur noch zwei Wege für mich sah: Entweder du gehst dem Vater nach – oder du lebst nur noch für die Mama und die Arbeit, ohne Mann, man braucht ja schließlich keinen Mann. Beides war für mich nicht der Weg meiner Wahl, aber allein der Sog, den ich spürte, war unglaublich kraftraubend. Nach Monaten bekam ich glücklicherweise einen Klinikplatz und seitdem geht es mir viel besser.

Nun löste sich sehr viel. Ich hatte ja immer gedacht, dass diese Schwere von meinem Vater kam und begriff erst jetzt, wie sehr sie auch aus der beengenden Beziehung zur Mama resultierte, wie sehr ich eigentlich als Ersatz herhalten musste. Auch dass meine Mama sich nie mehr nach einem Mann umgesehen hatte, sondern immer wieder sagte, dass sie keinen Mann mehr wolle, hat sich mir tief eingeprägt: „Das muss man alleine schaffen", „Man braucht keinen Mann", „Das läuft doch sowieso nur schief." Mit dieser Haltung war ich in Beziehungen reingegangen, hatte mir auch mit meinem Mann jemanden ausgesucht, mit dem das Muster funktionierte. Auch das Muster, dass Sexualität etwas Schlimmes ist. Unsere Sexualität war problematisch, er hat es gar nicht gemerkt, ging gar nicht auf mich ein, und ich blieb die Stillschweigende, die alles akzeptiert. Echte Nähe zwischen Partnern war mit ihm nicht möglich. Aber von der Mama wurde er akzeptiert und so behielt ich in der Beziehung zu ihm letztlich meine Rolle als Kind. Gleichzeitig spürte ich auch eine unglaubliche Leere, im Innersten.

Ein Bekannter von mir sagte einmal: Du verhältst dich manchmal wahnsinnig kindlich. Das hat mir sehr zu denken gegeben. War ich auf einer gewissen Stufe stehengeblieben und schleppte das immer weiter mit?

Mit einer Therapeutin sprach ich dann viel über das Konzept des inneren Kindes und darüber, was das Kind braucht. Das half mir, eine Hülle abzustreifen. Ich hatte immer das Gefühl gehabt: Da ist was um mich herum und ich komme da nicht durch. Komme nicht raus. Lebenslang hatte ich das Gefühl, dass etwas an mir komisch sei. Es war nichts komisch an mir, es war nur meine Selbstwahrnehmung, aber ich kannte es nicht anders, die Hülle war schon immer da gewesen. Ich wunderte mich vielleicht manchmal, warum ich nicht so ankam, wie ich wollte oder warum es bei anderen anders lief. Ich konservierte richtiggehend das Gefühl, dass irgendetwas komisch sei, und der Kokon diente als Hilfsmittel, um das, was ich verinnerlicht hatte, nicht aufgeben zu müssen. All die Meinungen und Überzeugungen meiner Kindheit.

Diese Hülle, dieser Kokon ist jetzt weg.

Und so kam es zu so etwas wie einer verspäteten Pubertät, einer Abnabelung und Frauwerdung. Was ich viel zu lange untergebuttert hatte – Frau zu sein, die Begegnung mit Männern, das Erotische, für das ich mich immer eher geschämt hatte –, das lebe ich nun viel eher aus. Ich kann mich jetzt anders verhalten, kann Dinge zulassen und geschehen lassen. Meine Freundinnen hatten immer an mir beanstandet, dass man mit mir nie so richtig über Männer reden, keine echten Frauengespräche führen konnte. Jetzt brauche ich mich da nicht mehr rauszuhalten, denn allmählich ist es auch zu mir durchgesickert, dass es normal ist, über Männer und Sexualität zu sprechen und auch aktiv zu sein. Jetzt mag ich meine Bedürfnisse nicht mehr unterdrücken, ich stehe zu ihnen. In den letzten Jahren konnte ich mich von vielen negativen Überzeugungen befreien.

Ich frage mich oft: Warum jetzt erst?

Wahrscheinlich konnte ich es vorher einfach nicht annehmen.

Ich werfe niemandem etwas vor. In mir herrscht eher das Gefühl: So war's, es war oft schwirig, und das war so, weil sich der Vater umgebracht hat. Ich weiß, dass die Mutter ihren Möglichkeiten entsprechend letztendlich das Beste daraus gemacht hat.

Und ich will auch nichts entschuldigen. Ich kann es nicht leiden, wenn ich auf Menschen treffe, die sagen, sie hätten etwas Schlimmes erlebt und deshalb ginge ihr Leben jetzt schief. So wollte ich nie sein. Ich wollte nicht in die Opferrolle.

Ich war die Erste in der Familie, die unsere Problematik mit Hilfe einer Therapie anging. Danach konnte ich auch mit meiner Mutter darüber sprechen, was war und wie das war. Sie blockiert nicht mehr, auch wenn sie über sich und den Vater noch immer nicht spricht. Meinen Bruder konnte ich in diesen Prozess etwas miteinbeziehen. Bei meiner Schwester geht es leider immer noch zu sehr um Vorwürfe, Schuldgefühle und Benachteiligungen. Sie konzentriert sich nach wie vor auf das, was sie nicht hatte. Das Thema mit meiner Schwester klammere ich im Moment aus, weil ich es ohnehin nicht lösen kann.

Vielleicht sind wir ein viel zu großes, verwickeltes Knäuel geworden und müssen erst lernen, dass jeder auch für sich stehen und einstehen darf. Dass jeder seine Probleme lösen muss, ohne immer alles zusammenzustecken und auf die anderen zu beziehen. Für das ganze Geflecht gibt es so leicht keine Lösung. Aber es ist schon viel gewonnen, wenn wir es schaffen, uns jeweils um uns selbst zu kümmern.

Für mich stehen jetzt andere Dinge an. Inzwischen habe ich durchaus das Gefühl entwickelt, auf mich stolz sein zu können. Ich habe ganz schön was geschafft. Beruflich, privat und in meiner eigenen Entwicklung. Das hätte ich früher nie zu denken gewagt, denn auch das war negativ: Stolz auf sich selbst zu sein wurde mit Hochmut gleichgesetzt und mit abwertenden Bemerkungen abgestraft.

Ich ecke jetzt viel mehr an, bei Kollegen und im Freundeskreis, weil ich Dinge ausspreche, anstatt sie runterzuschlucken. Weil ich nicht mehr länger in der Ecke stehe und die anderen mit großen Augen von unten nach oben ansehe. Ich will das Kind von damals nicht mehr länger mitschleppen. Dieses Buchprojekt, zu dem ich meine Geschichte beisteuere, sehe ich auch als Möglichkeit, dieses Kind zurückzulassen, an einem Platz, wo es gut aufgehoben ist. Stellvertretend für jedes Kind in dieser Situation, das noch keine Sprache für seine Bedürfnisse hat, kann ich es aussprechen lassen, was ihm damals geholfen hätte, besser mit seinem Schicksal zurechtzukommen:

Ich hätte so gerne offen über alles gesprochen!

Ich kann mich erinnern, dass ich als Grundschulkind zwei- oder dreimal nach meinem Vater gefragt habe. Ich bekam immer die gleiche Antwort: jetzt nicht, vielleicht später. Ich spürte, dass etwas nicht stimmte, aber ich durfte nicht darüber sprechen. Heute weiß ich: Unter dem Strich ist das das Wichtigste: Ehrlichkeit, Offenheit und Reden.

Frauke, 40 Jahre

Ein spätes Opfer

Der Arzt nannte meine Mutter ein spätes Opfer des Krieges. Sie war gutmütig und weich, und vielleicht hat sie eben doch nicht alles verkraftet: den Krieg, die Nachkriegszeit und alles, was sich daraus ergab. Vielleicht hat deshalb ihr Körper schlapp gemacht. Ich erinnere mich, wie sie auf der Bettkante saß und ins Krankenhaus abgeholt wurde. Mein Vater fuhr mit und ich blieb bei meiner Oma. Noch heute sehe ich mich mit der Oma über die Wiesen laufen, während meine Mutter im Krankenhaus lag. Und ich weiß noch ganz genau, wie wir in ihrem Zimmer saßen und auf Nachricht warteten. Endlich kam mein Vater zurück. Er sagte uns, dass meine Mutter in der Nacht gestorben sei. Ich war neun Jahre alt.

Sie kam in einem schwarzen Wagen und wurde in der Leichenhalle aufgebahrt. Ich sollte mich am offenen Sarg von ihr verabschieden. Ich lief weg. Niemand konnte mich zwingen, hineinzugehen und meine tote Mutter anzuschauen. Meine Schwester, die acht Jahre älter war, traute sich zu ihr. Zusammen mit einer anderen Frau schmückte sie die Mutter mit Blumen. Am nächsten Tag erzählte sie mir, dass die Blumen der anderen Frau schon verwelkt, ihre aber noch ganz frisch geblieben wären.

Meine Mutter war mit mir sonntags immer in eine entfernt gelegene Kirche auf einen Berg gegangen, wo der Gottesdienst von einem Pfarrer gehalten wurde, den wir beide sehr mochten und der mich meistens den Kollektenteller halten ließ. Und dieser Pfarrer beerdigte nun meine Mutter und er tat es auf eine Weise, die während der ganzen Zeremonie meine Aufmerksamkeit fesselte. Ich bewunderte ihn, er war so klug und so warmherzig. Später besuchte er uns und brachte uns den Tagesspruch, der auf der Beerdigung gesprochen worden war. Eigenhändig hatte er ihn für mich gerahmt. Er hieß: *Seid fröhlich in Hoffnung, geduldig in Trübsal, haltet an im Gebet.* Diesen Spruch wählte ich später auch als Konfirmationsspruch und so gut es ging, hielt ich mich eigentlich mein ganzes Leben lang daran. Als ich den Pfarrer Jahre später zufällig auf einem Kirchentag unter tausenden von Menschen wieder traf, war diese Warmherzigkeit sofort wieder da. Ich glaube, ich habe diesen Mann als Kind richtig geliebt, so sehr, dass ich später immer nach so einem Menschen suchte.

Nach dem Tod meiner Mutter blieb ich bei meiner Oma. Meine Schwester lebte schon in München und auch mein Vater arbeitete unter der Woche in einer größeren Stadt, wo er ein Zimmer hatte. Er war kein sehr liebevoller Mensch. Er stellte meiner Mutter zwar einen schönen Grabstein hin, aber ob er um sie trauerte, könnte ich nicht sagen. Fühlen konnte ich das jedenfalls nicht. Wir hatten keine echte Bindung, so wie er sie zu meiner Schwester hatte. Mit ihr saß er zusammen, wenn beide einmal am Wochenende da waren und sah die Zeitungsannoncen nach einer neuen Frau durch. Mich ließen sie an diesen Gesprächen nicht teilhaben. Beide sah ich nur selten und noch seltener sprachen sie mit mir.

Die Oma verpflegte mich gut, aber über den Tod meiner Mutter wollte auch sie nicht mit mir sprechen. Sie war selbst zu sehr betroffen. Sie hatte eine schlechte Position. Erst lebte sie bei ihrer Tochter und ihrem Schwiegersohn, weil sie nach dem Krieg nichts Eigenes mehr hatte. Und dann starb die Tochter weg. Mit meinem Vater verstand sie sich nicht sehr gut, also fühlte sie sich jetzt fast wie bei fremden Menschen. Ich empfand sie als arme, alte, machtlose Frau. Oft hörte ich sie sagen: „Ich wäre gerne für deine Mutter gestorben."

Jeden Tag nach der Schule besuchte ich meine Mutter auf dem Friedhof. Meine Schwester weinte immer viel, wenn sie ans Grab ging, aber bei mir flossen keine Tränen. Alles zog irgendwie an mir vorbei, wie ein Trauerzug, von dem ich mir nur wünschte, dass er zu Ende sei, damit ich weiterleben konnte.

Ich ging in den Wald und sammelte Beeren und Pilze, so, wie ich es von meiner Mutter her kannte. Ich vertrieb mir die Zeit, wie Kinder sich eben die Zeit vertreiben. Ich fing Flusskrebse am Bach, trug sie in einer Plastikwanne spazieren und setzte sie dann wieder im Bach aus. Im Winter fütterte ich die Vögel, wobei ich mich ganz besonders sorgfältig um eine Kohlmeise kümmerte, die nur ein Bein hatte. Ich freute mich auf den Adventskalender, der jedes Jahr wieder hervorgeholt wurde. Nach Weihnachten wurden die Fenster wieder zugemacht und der Kalender fürs nächste Jahr aufgehoben. Ich träumte von einem Hund, der mich beschützen würde und den ich lieb haben konnte.

Ich war sehr empfindlich geworden. Wenn mich die Lehrerin tadelte, brach ich in Tränen aus. *Tränenkrüglein* nannte sie mich daraufhin. Die Mitschüler hänselten mich und nannten mich auch *Tränenkrüglein*. Das war sehr verletzend. Und da trat dann doch einmal mein Vater für mich ein. Ich erzählte es ihm und er ging zur Lehrerin.

Eine Freundin gab es, mit der ich mich sehr gut verstand. Sie war die Tochter des Dorfarztes. Sie hatte Klavierunterricht und ihre Eltern meinten, ich sollte doch auch Klavierunterricht nehmen. Das konnte mein Vater sich aber nicht leisten. Weil wir so abseits von allem lebten, gab man das Mädchen schließlich in ein Internat. Die Mutter meiner Freundin sprach mit meinem Vater, ob ich nicht mitgehen könnte. Ich hätte das gerne gemacht, aber auch das konnten wir uns nicht leisten und so ging meine Freundin alleine fort.

Ich selbst tröstete mich, indem ich mir vorstellte, dass alles gut würde, wenn ich erst erwachsen sei. Dann würde alles *ganz* anders. Ich sagte mir: „Dies ist nur eine kurze Leidenszeit, ich werde ja größer, jeden Tag. Als Kind kann ich nichts machen, aber als Erwachsene schon." Ich malte mir die Zukunft aus. Damals las ich *Das Tagebuch der Anne Frank.* Es war überhaupt das erste Buch, das ich in meinem Leben las, und es bewegte mich innerlich sehr. Ich gewann die Überzeugung, dass man *helfen* musste. Das war meine Zukunftsvision: Ich würde mich einbringen in die Gesellschaft und helfen. So hegte ich meine Hoffnungen auf ein besseres Leben, weil ja erwachsene Menschen gut und klug waren und für sich selbst sorgen konnten. Für mich sah es so aus, als würden sie gut mit allem zurechtkommen.

Eines Tages musste meine Oma für längere Zeit in ein entferntes Krankenhaus. Nun lebte ich unter der Woche ganz allein bei den Vermietern, die arme Bauern waren, in einem Zimmer. Manchmal hörte ich die Leute im Dorf sagen: „Es wäre besser, die Kleine wäre auch tot."

Doch die Bauern waren sehr freundlich zu mir und das habe ich nie vergessen, das sind schöne Erinnerungen: Ich durfte mit in den Kuhstall gehen und im Schweinestall die kleinen Schweinchen füttern und alles schön herrichten. Es war Osterzeit und ich machte mir im Garten ein Nestchen aus Zweigen und Gras, einfach nur so, als Spiel. Als ich nun einmal aus der Schule kam, lag in dem Nest ein rotes Ei. Innen Schaum und außen rot, wie man sie früher eben hatte. Das war für mich eine helle Freude! Später erst begriff ich, dass es die Bäuerin war, die mir das Ei da hincingelegt hatte. Das war für so einen einfachen und hart arbeitenden Menschen wie sie allerhand. Das war nicht alltäglich. Dass sie mein Nest überhaupt bemerkte, zeigt, wie aufmerksam sie war und welchen Anteil sie an meinem Leben nahm. Ich selbst habe bis heute Freude daran, anderen kleine Geschenke hinzulegen. Das habe ich von ihr gelernt. Ostern ist für mich immer noch das schönste Fest.

Auch eine Nachbarin fällt mir ein. Sie hatte Frühäpfel im Garten und die Kinder haben die natürlich gerne geklaut, wobei ich aber nie mitmachen wollte. Der Nachbarin fiel das auf. Sie verjagte die anderen Kinder, mir jedoch schenkte sie ein paar Äpfel. Auch das hat mich tief beeindruckt, es war fast wie ein Ur-erlebnis.

Ich kann mich gar nicht erinnern, wann ich eigentlich Hausaufgaben machte und wie ich überhaupt regelmäßig in die Schule kam. Aber ich war immer sehr diszipliniert, das bin ich auch heute noch, deshalb war und blieb ich eine gute Schülerin. Eigenartigerweise konnte ich mich auch ganz gut selbst wehren. Meine Lehrerin wollte mir einmal eine Note geben, die in meinen Augen nicht in Ordnung war. Da marschierte ich zum Direktor. Nachdem der mich noch einmal ausgefragt hatte, musste die Lehrerin ihre Note korrigieren. Was normalerweise Eltern für einen machen, das habe ich also für mich selbst übernommen.

Sehr deutlich erinnere ich mich an die Zeit, als ich die Masern hatte. Ich war allein, versorgte mich selbst und machte mir allerlei kindliche Vorstellungen von der Krankheit. Vom Hörensagen wusste ich, dass man davon blind werden konnte. Panisch verbarrikadierte ich die Fenster, damit kein Licht hereinkam. Bis heute habe ich Probleme, wenn ich Blinde sehe. Blinde tun mir unendlich leid, blind zu sein wäre das Schlimmste für mich.

Meinem Vater gegenüber kam ich mir überflüssig vor. Die Frauen hätten schon auf ihn als Witwer geäugt, aber mit dem kleinen Kind … Ich störte nur.

Als ich zwölf war, heiratete er dann doch noch einmal. Das Schönste an meiner Stiefmutter war ihr Dackel. Mit dem konnte ich spielen und Gassi gehen. Doch sonst ging mit ihr das Elend erst richtig los. Sie hatte keine eigenen Kinder und bekam auch keine mehr. In ihren Augen war ich ein fürchterlicher Störenfried. Sie legte mir bitterböse Briefe hin, was ich alles falsch gemacht hätte. Unglaubliche Vorwürfe. Ein böses Kind! Dabei strengte ich mich so an, heizte in der Früh die Öfen an, machte Frühstück zurecht, bügelte den Wäschekorb weg, wenn sie in der Arbeit war. Ich wollte mich wohl einschmeicheln, damit sie gut mit mir wäre. Half aber nichts.

Als mich die Lehrerin später für die höhere Schule empfahl und ich sogar schon die Aufnahmeprüfung bestanden hatte, stellte sich meine Stiefmutter dagegen. Ich sollte eine Lehre machen, um ihnen nicht weiter auf dem Geldbeutel zu liegen.

Also machte ich eine Ausbildung zur Steuergehilfin. Meine Kollegin in der Kanzlei hatte eine sehr nette Mutter und ich durfte zu ihnen ziehen. Mein Vater und die Stiefmutter waren froh, mich los zu sein, aber die Familie meiner Kollegin nahm mich herzlich auf. Morgens gingen wir zusammen in die Arbeit, abends kochte die Großmutter für uns. Das war wunderbar, das hat mir Halt gegeben.

Auch einen Bruder gab es, der bei der Bundeswehr war, deshalb kamen häufig junge Burschen vorbei. So lernte ich meinen Mann kennen. Ich nahm mir ein Zimmer in der Nähe der Wohnung seiner Eltern, die echte Ersatzeltern für mich wurden, und schon bald gründeten wir eine eigene Familie.

Ich wünschte mir eine sehr enge und verlässliche Beziehung. Ich selbst bin absolut zuverlässig; wenn ich etwas sage, dann mache ich das auch und wenn ich mir dabei halb den Hals breche. Aber ich erwartete das auch von den anderen und suchte mir eigentlich immer Menschen, von denen ich glaubte, ich könnte mich auf sie verlassen. Wenn das dann doch nicht der Fall war, war ich tief enttäuscht.

Von meinem Mann ließ ich mich später scheiden, aber meine Schwiegereltern haben mich bis zu ihrem Tod immer unterstützt. So nette Menschen wie diese beiden habe ich – glaube ich – nie mehr kennen gelernt. Bis heute fühle ich mich nur wohl, wo es Herzenswärme und Intelligenz gibt. Für liebevolle Menschen tue ich alles, das fällt mir leichter, als etwas für mich selbst zu tun.

Vor ein paar Monaten ist mein Partner, mit dem ich die letzten sieben Jahre zusammengelebt habe, plötzlich gestorben. Wenn ich nun über meine Kindheit nachdenke, überfällt mich eine große Traurigkeit. Ein Grauschleier liegt über diesen Erinnerungen, denn dieselbe Einsamkeit spüre ich heute wieder. Ich hatte lange alles vergessen, hatte mir ein gutes Leben aufgebaut und dieses Leben gerne gelebt. Meine Mutter und meine Oma hielt ich in schöner Erinnerung, ganz ohne Trauer. Ich sorgte immer dafür, dass ich einen Partner hatte. Ich zog ein Kind auf. Nie dachte ich viel über den Verlust meiner Mutter nach. Die Trauer ist erst jetzt, Jahrzehnte später, durch den Tod meines Partners wieder zum Leben erwacht. Die Erinnerungen kommen hoch, die gruselige Kindheit, das Gefühl der Verlassenheit. Ich kann in keine Kirche mehr gehen, ich empfinde diese Gebäude als düster und trist. Friedhöfe rufen schlimme kindliche Vorstellungen in mir hervor von Menschen, die da unten in der Kälte liegen, von Würmern, die anbeißen.

Auch allein in der Wohnung zu sein ist mir ein Graus. Jetzt denke ich: Meine Güte, warum bin ich eigentlich wieder so allein? Warum bin ich so verlassen? Ich stelle fest, dass ich einfach nicht allein sein kann. Ich war als Kind wohl einfach *zu* allein.

Ich kann nur immer wieder sagen, dass man Kinder, die ihre Eltern verlieren, auf keinen Fall alleine lassen darf. Man muss sie unbedingt in die Gesellschaft mit einbeziehen und mit ihnen etwas aufbauen. Denn man hat da schon einen Schock fürs Leben. Man verliert sein Urvertrauen, wenn man im Stich gelassen wird. Denn so fühlt sich das an, wenn ein Elternteil stirbt: Man wird einfach im Stich gelassen. Es sei denn, die entstandene Lücke wird von anderen Menschen ausgefüllt.

Bei mir war das nicht der Fall und ich glaube, dass ich dadurch für mich und andere schwierig geworden bin. Weil ich so sehr auf die Verlässlichkeit und ständige Präsenz der anderen zähle, auf etwas, das mein Urvertrauen sozusagen wiederherstellen könnte. Ich will merken, dass ich willkommen bin, dass man das, was man mir gibt, auch wirklich gerne gibt. Ich sehne mich nach Liebe, nach Wärme, nach Streicheleinheiten. Das überfordert die anderen natürlich total. Das kann keiner bieten. Andere Menschen haben schließlich auch ihr eigenes Leben, ihre eigenen Bürden, ihre persönlichen Grenzen. Wie sollen sie mich verstehen, wenn sie das, was ich erlebt habe, nicht selbst erlebt haben?

Als ich vor vielen Jahren von einem anderen Mann verlassen wurde, den ich sehr geliebt und dem ich sehr vertraut hatte, ging es mir so schlecht, dass ich Hilfe bei einem Arzt suchte. Und dieser Arzt erklärte mir, dass so tiefe Wunden im Leben wieder aufreißen können, wenn es zu einem neuen Verlust kommt.

Bei mir wurden der Schmerz und die Angst vor weiteren Verlusten immer schlimmer. Ich glaube, diese Probleme hätten sich nicht so stark ausgeprägt, wenn ich damals aufgefangen worden wäre. Mein ganzer Werdegang wäre dann ein anderer gewesen.

Heute macht man das bestimmt anders, hoffe ich. Man wird doch inzwischen begriffen haben, dass das wichtiger ist als alles andere: dass man bei den Kindern ansetzt, ganz früh schon; dass man sie auffängt; dass sie sich nicht so verlassen fühlen. Zuwendung und Unterstützung können sehr viel ausrichten. Daran sollten wir alle arbeiten.

Raphaela, 64 Jahre

Fünf Minuten

Es ist nicht plötzlich passiert, aber ziemlich schnell, innerhalb von vier Monaten. Es war Krebs. Ich war acht Jahre alt, mein Bruder war 14, meine Mama 38 und mein Papa 41.

Ein Leben lang hatte mein Papa keine Krankheit gehabt. Er war stets gesund, ich habe ihn immer als groß und kräftig empfunden, außerdem als liebevoll, lustig und immer gut gelaunt. Überhaupt waren wir so etwas wie eine Bilderbuchfamilie: Nie gab es Streit, nie wirkliche Probleme zwischen uns, wir haben uns immer gut verstanden.

Dann, plötzlich, an einem Weihnachtstag, bekam mein Papa Bauchschmerzen. Er klagte nicht, aber er hielt sich immer die Hand vor den Magen. Weil Mama darauf bestand, ging er nach den Feiertagen zum Arzt. Dort sagte man ihm gleich, schon nach der ersten Blutprobe, dass die Werte so hoch seien, dass es nur Krebs sein könne und nichts anderes. Am 24. Januar, nach ein paar weiteren Untersuchungen, stand fest, dass er Bauchspeicheldrüsenkrebs hatte. Die Ärzte sagten, er hätte nur noch vier Monate zu leben.

Trotzdem machte er sich noch auf und fuhr zu einem Spezialisten in eine andere Stadt, weit weg.

Meine Mama begleitete ihn, mein Bruder und ich blieben bei meinen Großeltern. Die Spezialisten machten große Versprechungen, er wurde operiert, aber nach der Operation hieß es, dass nichts mehr ginge, dass sich der Krebs schon zu sehr in seinem Körper ausgebreitet hätte. Ein Jahr zuvor waren ihm die Gallensteine herausgeholt worden, da hätte man das eigentlich schon sehen müssen, vielleicht hätte man da noch was machen können.

Wir alle – auch Papa – wussten, dass er sterben würde. Es wurde nicht darum herum geredet. Man hatte noch etwas versucht, die Spezialisten und die Operation waren etwas gewesen, das man tun konnte, aber nun...

Nach der Operation war er bei uns zuhause. Der Hausarzt betreute ihn. Nur ab zu ging er zur Kontrolle ins Krankenhaus unserer Stadt. Normalerweise lag er im Bett und wenn ich nach Hause kam, kuschelten wir ein bisschen. Dann machte ich meine Sachen. Allein. Früher waren wir gewohnt gewesen, nach der Schule ganz viel Zeit mit Papa zu verbringen. Weil er immer schon um 14 Uhr mit der Arbeit fertig war, hatte er für uns das Mittagessen gekocht und dann mit uns gelernt und gespielt. Ich musste ihm immer alles „beibringen", was ich gelernt hatte, und so haben wir zusammen ganz spielerisch den Stoff wiederholt. Oder er ging mit uns spazieren, wir unterhielten uns und sahen uns die Schaufenster an.

Oder wir malten und bastelten und machten dann zusammen das Abendbrot.

Aber jetzt wurde er schnell müde. Ganz offen wurde davon gesprochen, dass er bald sterben würde, aber ich konnte trotzdem nichts damit anfangen. Für uns Kinder war alles zu schwierig und zu unverständlich. Und nebenbei mussten wir ja auch noch unser eigenes Leben hinbekommen. Mein Bruder zum Beispiel musste Entscheidungen über seine weitere Schullaufbahn treffen. Papa hatte sich immer gewünscht, dass er die technische Schule besuchte. Er selbst war nämlich ein leidenschaftlicher Tüftler, arbeitete für ein großes Elektronikunternehmen und interessierte sich für alle technischen Neuerungen. Seine Familie war aber sehr arm gewesen, so dass er trotz super Noten keine Universität besuchen konnte. Mein Bruder war zwar auch technisch begabt, aber längst nicht so wie mein Vater. Es war schwer für ihn zu entscheiden, was er machen sollte, und dadurch, dass Papa daheim am Sterben war, wurde es nicht gerade leichter. Schließlich folgte er Papas Wunsch, machte die Schule und schloss sie später auch ab.

Mal ging es Papa besser, mal schlechter. Oft hatte er miese Laune. In einem Moment wünschte er sich von Mama Gulasch, und wenn es fertig war, wollte er nichts davon essen, was sie sehr traurig machte.

Schließlich schrieb Mama an Papas Mutter, dass sie ihre Hilfe brauchte. Die Oma lebte 175 Kilometer entfernt, aber sie kam von nun an jeden Sonntagabend mit dem Zug angereist, um unter der Woche bei uns zu sein. Wir spazierten mit Papa zum Bahnhof, um sie abzuholen, ganz langsam, jedes Mal langsamer, bis er es einfach nicht mehr schaffte. Als meine Oma eines Sonntagabends aus dem Zug stieg und die Mama allein am Bahnsteig stehen sah, da wusste sie, dass ihr Sohn bald sterben würde. Abends saßen sie in der Küche und so, wie ich früher immer vom Bett aus meine Eltern in der Küche reden gehört hatte, hörte ich jetzt meiner Oma und meiner Mama zu. Die Oma sagte: „Das eigene Kind verlieren, das ist das Schlimmste. Ich wünschte, ich könnte nur eine Minute früher sterben als mein Sohn. Nur eine Minute früher."

Der Arzt kam und ging und kam und ging. Papa war sehr schwach und stand nur noch kurz auf, um aufs Klo zu gehen, aber ganz schlimm ging es ihm eigentlich nicht, fand ich. Er wurde nur immer dünner und dünner und schwächer und schwächer.

Und dann geschah etwas, das mich wirklich durcheinanderbrachte: Er wollte nicht mehr, dass ich zu ihm ging. Er wollte wohl nicht, dass ich sah, wie elend er geworden war. Bei uns waren immer alle Türen offen gestanden. Jetzt war seine plötzlich zu, ich durfte nicht mehr hinein. Das konnte ich nicht verstehen. Ich wurde wütend und machte ein Riesentheater, bis mir meine Mama immer wieder erklärte, dass es Papa einfach sehr, sehr schlecht ginge. Auch meinen Bruder und seine eigene Mutter wollte er nicht mehr sehen. Nur seine Frau durfte noch bei ihm sein.

Bald waren von den 100 Kilo, die Papa einst gewogen hatte, nur noch 40 übrig. Schließlich sagte der Arzt, dass es jetzt bald so weit sein würde und dass Mama den Krankenwagen rufen sollte.

Sie wollte nicht.

Erst als der Arzt sie fragte, ob sie wolle, dass ihre beiden Kinder sähen, wie ihr toter Vater aus dem Haus getragen würde, konnte sie sich dazu durchringen. Papa wurde für seine letzten Tage ins Krankenhaus geholt. Ich habe ihn nie mehr wiedergesehen.

Es hat keinen Abschied gegeben.

Zwei Tage später kam meine Mama aus dem Krankenhaus zurück, nahm uns in den Arm und sagte, dass Papa tot sei.

Bei der Beerdigung war ich dabei, aber verstanden habe ich immer noch nicht richtig. Ich erinnere mich nur, dass wahnsinnig viele Menschen da waren und dass alles schwarz war. Ich wurde viel gestreichelt und spürte, wie furchtbar traurig alle waren. Wahrscheinlich war ich auch traurig, aber wenn ich es war, dann wusste ich es selbst nicht.

Danach war ich eigentlich so wie immer und alles ging ganz normal weiter. Ich machte meine Schule und spielte mit meinen Freundinnen. Nach der Schule war jetzt meine Oma da, aber ich habe das einfach hingenommen und keine große Traurigkeit verspürt. Es gab ja auch noch meinen älteren Bruder, der ein bisschen die Vaterrolle für mich übernahm. Wenn die Kinder auf dem Schulhof zu mir kamen und fragten: „Stimmt das, dein Papa ist gestorben?", dann sagte ich einfach: „Ja." Was sollte ich auch sonst sagen? Ich wollte auch nicht bemitleidet werden. Wenn ich später gefragt wurde, was mein Papa mache, antwortete ich immer gleich: „Er ist leider gestorben." Punkt. Es machte mir überhaupt nichts aus, das zu sagen.

Vor allem für Mama wurde es nach Papas Tod sehr, sehr schwer. Weil sie nicht wollte, dass wir Kinder auf irgendetwas verzichten mussten, was wir gewohnt waren, musste sie sehr viel mehr arbeiten, war auch viel gestresster und nervöser. Gott sei Dank lebte meine eine Oma in der Nachbarschaft und konnte mithelfen. Vom Rest der Familie fühlten wir uns lange Zeit ganz schön abgesondert. Mama wollte ohne Papa nicht einfach wie eh und je zu den Festen spazieren. Weihnachten zum Beispiel, das wir immer mit allen anderen in Omas Haus verbracht hatten, feierten wir plötzlich allein. Mein Bruder und ich machten einen Aufstand, wir sahen nicht ein, warum alle Cousins und Cousinen zusammen sein durften, nur wir nicht. Wir waren wahnsinnig sauer auf Mama. Aber es half nichts. Sie konnte einfach nicht anders. Auch brauchte es eine ganze Weile, bis sie die Enttäuschung überwand, dass ihr außer den Großmüttern niemand Hilfe angeboten hatte. Papa war gestorben, aber Tür und Telefon standen still, und niemand fragte nach, wie es ihr ginge, ob sie denn jetzt überhaupt klarkäme mit den Kindern, ob sie nicht Hilfe benötigte, Unterstützung oder Geld. Das hat sie sehr geschmerzt, besonders von ihrem einzigen Bruder fühlte sie sich im Stich gelassen. Aber heute denkt sie, dass die Familie einfach nicht wusste, was sie sagen und wie sie damit umgehen sollte.

Auch mit uns Kindern hat keiner darüber gesprochen und deshalb habe ich Papas Tod gar nicht richtig kapiert. Heute gibt es für die Kinder Psychologen und man lässt sie bewusst Abschied nehmen, aber bei uns gab es das noch nicht. Meine Lehrerin war sehr lieb und nett und sanft zu mir, das habe ich natürlich gemerkt und das hat mir auch unheimlich gutgetan, aber direkt angesprochen hat auch sie mich nicht.

Ich habe Mama oft weinen sehen. Oft traurig gesehen. Nachdem mein Papa beerdigt und meine andere Oma abgereist war, hörte ich nachts aus der Küche gar keine Gespräche mehr, sondern nur noch Mamas Weinen. Früher war sie immer bunt und fröhlich gekleidet gewesen, aber jetzt trug sie nur noch schwarze Kleider.

Irgendwann einmal, etwa mit 14, hatte ich richtige Schuldgefühle, dass ich nicht traurig genug war, als Papa starb. Meine Mama hat immer gesagt, dass es für mich nicht so schwer gewesen sei wie für meinen Bruder. Ich war ja erst in der dritten Klasse und habe einfach nicht so viel mitbekommen wie er. Ihn hat Papas Tod viel mehr mitgenommen, vor allem, weil ein Jahr zuvor mein Opa gestorben war, zu dem er eine besonders enge Beziehung gehabt hatte. Ich hatte auch vieles so schnell vergessen. Oft fragte mich Mama: „Kannst du dich erinnern, wie...?" und ich konnte nur den Kopf schütteln. An manches erinnerte ich mich natürlich schon, aber ich merkte auch, dass meine eigenen Erinnerungen mit den Erzählungen von meiner Mama oder meinem Bruder durcheinandergerieten.

Also dachte ich, dass ich noch einmal traurig sein musste. Ich fing an, alleine zum Friedhof zu gehen, jede Woche, ohne jemandem davon zu erzählen. Irgendwie wollte ich gutmachen, dass ich nach Papas Tod nicht so viel geweint hatte wie meine Mama. Oder wie mein Bruder, der mein großes Vorbild war und auch sehr viel geweint hatte. Nur ich hatte nicht besonders viel geweint, obwohl doch gerade ich so eine enge Beziehung zu meinem Papa gehabt hatte. Ich blieb lange auf dem Friedhof, zupfte Unkraut und las mir die Liste der Verstorbenen durch, an deren letzter Stelle Papas Name stand. Dann ging ich wieder. Zur gleichen Zeit begann ich auch, Papas Hemden zu tragen.

Aber im Großen und Ganzen habe ich eine recht normale Jugend verlebt. Und ich glaube, mein Bruder und ich waren wirklich gute Kinder, die ganzen Jahre hindurch. Wir machten Mama so gut wie keinen Ärger. Alkohol, Drogen, Zigaretten, das war nie ein Thema für uns, überhaupt nicht. Auch unsere Schule machten wir gut und alles war immer in Ordnung mit uns. Mama meint zwar, dass aus uns noch „mehr" geworden wäre, wenn Papa da gewesen wäre, dass zum Beispiel mein Bruder bestimmt noch die Universität besucht hätte und nicht mit 20 schon Vater geworden wäre. Aber da seine Familie sich als stabil erwiesen hat, ist ja auch das schließlich in Ordnung. Auch, dass ich mit 35 Jahren immer noch keinen Mann gefunden habe, mit dem ich eine Familie gründen könnte, hängt vielleicht mit Papas Tod zusammen, aber sonst führe ich ein absolut zufriedenes Leben. Ich bin nun schon seit 15 Jahren in Deutschland, habe lange als Gastronomie-Fachkraft gearbeitet und habe mir inzwischen noch den Traum erfüllt, Pädagogik zu studieren. Ich bin in einem Kindergarten angestellt und liebe meine Arbeit sehr.

Mama sagt heute oft und offen, dass sie stolz auf sich sei, wie sie das alles hingekriegt habe; das solle ihr erst einmal jemand nachmachen, allein mit den zwei Kindern! Sie ist jetzt 67 Jahre alt und eine sehr selbständige Frau, auf die auch wir sehr stolz sind.

Und dennoch: Mein Leben und unser aller Leben wäre doch ganz anders verlaufen, wenn mein Vater gelebt hätte. Und obwohl ich nicht weiß, *wie* es verlaufen wäre, würde ich mein Leben sofort gegen jedes andere – egal welches – eintauschen, in dem mein Vater noch am Leben wäre. Wenn mir jetzt, wo ich schon erwachsen bin, eine Fee einen einzigen Wunsch erfüllen könnte, dann würde ich mir nicht Geld wünschen, oder dass ich plötzlich 40 Kilo weniger wöge, sondern dass ich nur fünf Minuten mit Papa verbringen könnte. Es dürfte natürlich auch länger sein, aber fünf Minuten wären schon wunderschön. Fünf Minuten, um ihn kennen zu lernen.

Heute ist mein Bruder so alt wie mein Papa war, als er starb. Neulich haben wir uns in den Ferien in Ungarn getroffen und Mama hat die alten Fotoalben herausgeholt. Es war schon seltsam, dass mein Vater auf den letzten Fotos so alt ist wie jetzt mein Bruder, dessen zweites Kind, meine Nichte, gerade 14 geworden ist.

Mein Bruder hat nie über Papas Tod gesprochen. Doch neulich, als mein Onkel, Papas Bruder, mit 80 Jahren starb, da ist sie aus ihm herausgeplatzt, die Bitterkeit, dass der Papa all das nicht hatte haben können, was der Onkel gehabt hatte: die Kinder und die Enkel heranwachsen sehen, die Veränderungen im Land und in der Welt erleben und vor allem den phantastischen Fortschritt in der Technik. Den hätte er nämlich mit Begeisterung verfolgt und vielleicht sogar ein Stück weit mitgestaltet. Warum durfte der Onkel so alt werden und sein Papa nicht? Eigentlich ist mein Bruder gar nicht so und er hat den Onkel auch richtig gerngehabt. Deshalb merkt man, wenn er so spricht, wie ihm Papas Tod noch in den Knochen sitzt. Auch als mein Cousin vor ein paar Jahren starb, konnte mein Bruder ganz schlecht damit umgehen und hat vor Kummer acht Kilo abgenommen.

Die Beerdigung meines Cousins war es dann auch, die uns als Großfamilie wieder enger zusammenschmiedete. Meine Mutter lud alle zusammen in das Wochenendhaus meiner Eltern am Plattensee ein. Es war ein wunderbares Fest, bei dem wir uns alle ganz toll verstanden. Seitdem treffen wir uns jedes Jahr. Ich liebe diese Treffen. Die Familie hält wieder gut zusammen und ich finde es sehr, sehr schön, wenn wir alle beieinander sind. Einer meiner Cousins ist das Patenkind meines Vaters. Er hat den gleichen Vornamen und sieht Papa aufs Haar gleich. Er ist jetzt 46, und wenn meine Mama ihn trifft, wird sie ganz blass, schlägt die Hände vors Gesicht und sagt: „Mein Gott, du siehst *wirklich* so aus wie Laszlo!"

Für mich ist das schön und seltsam.

Vieles von meinem Papa lebt in mir weiter. Die dunklen Augen und Haare, meine ruhige Art, erst einmal vernünftig nachzudenken, bevor ich etwas unternehme, das habe ich genauso von ihm wie meine Liebe zum Malen und Basteln.

Auch in Gegenständen ist er immer noch bei uns: Seinen Bademantel zum Beispiel trug erst jahrelang mein Bruder, zum Abendbaden am Plattensee, und später dann sein Sohn, also Papas Enkel. Daran, wo der Bademantel jeweils an den Beinen endete, konnte man sehen, ob sie schon so groß wie Papa geworden waren. Oder die „Papa-Kugel": So nennen wir seine Lieblings-Christbaumkugel, die bis heute jedes Jahr wieder an den Baum gehängt wird.

Mama hat den Friedhof nie leiden können. Sie sagte: „Wenn wir heulend am Grab stehen, wird er auch nicht lebendig davon. Aber wenn wir hier sitzen und von ihm reden, dann bleibt er in uns lebendig." Und so erzählen wir uns noch heute, 27 Jahre nach seinem Tod, Geschichten von ihm.

Meine zweitliebste Geschichte ist die von der Fernbedienung:

In Papas Betrieb wurden die Fernsehgeräte für alle ungarischen Haushalte hergestellt. Irgendwann befand man, dass es auch in Ungarn Zeit sei, Fernbedienungen einzuführen, die es in anderen Ländern schon längst gab. Man hätte sie aus Deutschland importieren können, aber das wäre viel zu teuer gewesen. Wie ging man also vor? Man suchte den besten Tüftler der Firma aus und das war mein Papa. Man drückte ihm so ein deutsches Gerät in die Hand und sagte: „Schau mal, ob du so etwas nicht auch für die ungarischen Fernseher bauen kannst." Papa nahm das Gerät auseinander, bastelte, stellte Berechnungen an, forschte, probierte ... und baute schließlich ein funktionierendes Mustergerät.

Dann wurde er krank. Die Anerkennung für seine Leistung hat er nur noch sehr kurz genießen dürfen: Wenige Tage, bevor er starb, wurde ihm am Krankenbett ein Preis für technische Leistungen verliehen.

Papas Freund und Partner überzeugte meine Mama noch am Tage der Beerdigung, ihm die Angelegenheit zu überlassen: Sie müsse fortgeführt werden, auf keinen Fall dürfe man die Sache jetzt einfach aus den Händen geben. Er würde sich um alles kümmern. Meine Mama, die in diesen Tagen weiß Gott andere Probleme hatte, überließ diesem Freund vertrauensvoll alle Rechte.

Wir hörten nichts mehr von ihm. Die Jahre vergingen und nach und nach fand Papas Fernbedienung in ganz Ungarn Verbreitung. Mama arbeitete wie eine Wilde, ich machte meine Schule, mein Bruder schloss seine Ausbildung ab und heiratete. Dann, plötzlich, punktgenau an seinem siebten Todestag, bekamen wir einen Brief, der uns aus allen Wolken fallen ließ: Meinem Vater wurde posthum der größte ungarische Technikpreis zugesprochen. Dieser wurde nun stellvertretend an seine Frau überreicht. Das war eine richtig große Ehrung! Dazu gab es eine riesige Geldsumme, mit der sich Mama sogar ein Haus kaufen konnte. In der Freude, die wir darüber hatten, und in der Vorstellung, wie sehr sich Papa über diese Anerkennung gefreut hätte, waren wir ihm sehr, sehr nahe.

Aber meine allerliebste Geschichte ist die vom Esel:
Weil er sich als Kind einmal den Arm gebrochen hatte und daraufhin mit der linken Hand schreiben lernen musste, konnte Papa lebenslang mit links und rechts schreiben und zeichnen. Und nicht nur das, er konnte es sogar gleichzeitig. Ich fand das als Kind immer absolut phantastisch. Ich liebte auch einfach, wie er zeichnete. Wenn wir auf dem Volksfest einen Luftballon bekamen, konnte man zwischen vielen lustigen Motiven wählen und ich war die Einzige, die immer nur einen einfarbigen Ballon wollte, damit Papa mir zuhause eines seiner Disney-Motive darauf malen konnte.

Oft saß er in eine Rätselzeitung vertieft, die man in Ungarn an jedem Kiosk kaufen konnte. Auf dem Titelblatt war immer ein kleiner gezeichneter Esel zu sehen, und weil ich mir diesen Esel oft ganz intensiv angesehen hatte, wenn ich bei Papa saß, wollte ich schließlich einmal, dass er mir den kleinen Esel auf den Luftballon malte. Er hatte aber keine Lust dazu, er fand die Disney-Figuren viel schöner.

Doch als er im Krankenhaus lag, ließ er sich von Mama mein Poesiealbum bringen. Dahinein schrieb er mir ein ganz liebes Gedicht und daneben malte er den kleinen Esel, den ich mir damals gewünscht hatte.

Dieses Poesiealbum ist dann bei einem Umzug verloren gegangen. Papas Gedicht für mich und der Esel waren weg!

Doch der Zufall wollte es, dass sie zu mir zurückkamen. Jahre später traf meine Mama während einer Zugreise den Mann, der damals neben meinem Papa im Krankenhaus gelegen hatte und dem der kleine Esel so gut gefallen hatte, dass er ihn Papa noch einmal für seine eigene Tochter zeichnen ließ. Auch das Gedicht hatte er abgeschrieben und nur den anderen Namen eingesetzt.

Niemand kann sich vorstellen, wie ich mich freute, als dieser Mann mir eine Kopie von Esel und Gedicht schickte. Ein Stück von Papa hat auf diese Weise zu mir zurückgefunden. Und wohin ich heute auch gehe, den kleinen Esel nehme ich immer mit.

Rita, 36 Jahre

Die starke Hand

Ein heißer Mittag im Juli, drei Tage vor den Sommerferien. Die Lehrerin hat uns alle Schulbücher, den Sportbeutel, die Zeichenmappe und die Tüte mit den gesammelten Basteleien des Schuljahres mitgegeben und so stehe ich wie ein Packesel vor der Schule und warte darauf, von Papi mit dem Auto abgeholt zu werden. Ich warte immer noch, als die anderen Kinder schon weg sind. Es ist nicht das erste Mal, dass ich warte. Meine Eltern kommen gerne mal zu spät. Ich bin auch schon mit geschulterten Skiern in Skistiefeln durch die Winternacht nach Hause gestapft. Damals saßen meine Eltern in eifriges Planen versunken am Esstisch, darüber hatten sie die Zeit vergessen. Jetzt sind sie wohl wieder mit etwas Wichtigem beschäftigt. Ziemlich sauer setze ich mich schließlich in Bewegung, mache mich auf den Heimweg und hoffe, dass mir das Auto unterwegs entgegenkommt.

Es ist heiß, die Sachen sind schwer und sperrig, ich schwitze unter der stechenden Sonne und bin jetzt richtig wütend. Als ich eine halbe Stunde später in unsere Straße einbiege, ist das Auto immer noch nicht in Sicht. Es ist eine lange Straße und so kann ich schon von weitem sehen, dass vor unserem Haus etwas los ist, große Autos, eine kleine Gruppe Menschen. Aus der Gruppe löst sich schließlich meine Mutter und kommt mir langsam entgegen. Ich bin immer noch sauer, sehe an ihrer Schulter vorbei inmitten des Tumults unser rotes Auto ganz harmlos vor dem Haus parken. Niemand hatte es in Bewegung gesetzt, um mich von der Schule abzuholen. Ein gutes Stück vor unserem Haus steht meine Mutter jetzt vor mir. Mit wackliger Stimme spricht sie mich an. Ich schaue in ihr Gesicht und nehme deshalb nur halb aus dem Augenwinkel wahr, wie etwas großes Graues von zwei Männern aus der Haustür getragen wird. „Warum habt ihr mich nicht von der Schule abgeholt?", frage ich vorwurfsvoll. Meine Mutter nimmt mich an den Schultern und zieht mich in einen Weg zwischen zwei Häusern. „Der Papi ist tot", sagt sie ganz leise. Jetzt erkenne ich, dass das große Graue ein Sarg ist. Ich verstehe nicht. Ich drehe mich zur Wand des Hauses, vor dem wir stehen und verstecke mein Gesicht in den Händen. Mein Kopf, mein ganzer Körper ist wie mit Watte ausgestopft.

Davon, wie wir ins Haus kommen, wie wir den Nachmittag, den Abend und die Nacht verbringen, bekomme ich irgendwie nicht sehr viel mit, werde mich auch später nicht mehr daran erinnern können.

Die Erinnerung an den nächsten Morgen dagegen ist klar. Ich gehe nämlich „ganz normal" in die Schule. Es ist der vorletzte Tag meiner Grundschulzeit. Wandertag. Den will ich nicht verpassen, weil wir einen Waldlehrpfad besuchen und dort an einem Wettbewerb teilnehmen werden. Mit Wald und Bäumen kenne ich mich ziemlich gut aus. Als wir morgens alle im Klassenzimmer versammelt sind, erklärt die Lehrerin der ganzen Klasse, dass mein Vater gestern ganz plötzlich gestorben sei. In der Sekunde, in der ich das höre, schießt mir eine unglaubliche Hitze ins Gesicht. Ich will nicht vor der ganzen Klasse heulen, darum stürze ich aus dem Klassenzimmer, gegenüber ins Mädchenklo und sperre mich in eine Kabine ein. Dort heule ich, bis ich überall voller Rotz und Wasser bin. Schließlich bemerke ich zwei leise Stimmen hinter der Kabinentür. Meine beiden besten Freundinnen, die Zwillinge, sind mir hinterhergekommen. Ich sage nichts, versuche aber, das Schluchzen und die Tränen zu unterdrücken. „Die Arme...", höre ich es mitleidig flüstern. „Jetzt hat sie nur noch ihre Mutter!" Die Zwillinge sind zuhause zu sechst. Ich bin jetzt nur noch zu zweit.

Aber trotzdem: Der Wandertag macht Spaß. Die Zwillinge, unsere Freundin Viola und ich sind ein super Team, wir können alle Fragen auf dem Bogen, den wir auf ein Klemmbrett gespannt durch den Wald tragen, ziemlich leicht beantworten. Die Sonne malt überall goldene Flecken in den Wald, es riecht unheimlich gut nach Harz, Borke, vermoderten Blättern und Blüten. Kein einziges Mal denke ich an das, was passiert ist. Mittags versammeln sich alle Kinder zur Preisverleihung auf einer Lichtung. Mein Name und die meiner Freundinnen werden ganz am Schluss aufgerufen – weil wir die Goldmedaille gewonnen haben! Und nicht nur das, wir sind angeblich sogar das beste Team, das jemals an der Wald-Ralley teilgenommen hat! Wir jubeln und fallen uns in die Arme. Meine Freude ist riesengroß. Und genau in diese unbändige Freude mischt sich plötzlich ein ganz komisches Gefühl und bohrt sich in meinen Bauch und geht nicht mehr weg. Und obwohl ich mich so freue, bin ich irgendwie auch gar nicht da.

Kurz darauf ist Beerdigung. So viele Menschen. Die Familie ist groß und mein Vater hatte viele Freunde, ja, aber wer sind all die anderen Menschen? Ein riesiger Schwarm Fremder zieht hinter dem Sarg von der Aussegnungshalle zum Grab, begleitet von den schiefen Klängen einer Blaskapelle. Der Pfarrer spricht noch ein paar Worte, von denen ich nichts mitbekomme, und dann lassen die Totengräber den Sarg an Bändern langsam in die Erde. Ich begreife überhaupt nicht, dass das mein Papi sein soll, der da in dem Loch verschwindet, dem ich wie alle anderen ein Häufchen Erde hinterherwerfe und ein paar

Spritzer Weihwasser und dann noch Blumen. Ich stehe stocksteif neben meiner Mutter, der hundertmal die Hand geschüttelt wird, der hundertmal „Beileid" gewünscht wird und die hundertmal „danke" sagt. Ich fühle mich ganz furchtbar unwohl und will einfach nur, dass es vorbei ist. Noch mit der Familie zum Leichenschmaus in ein Gasthaus, wo alle mit roten verquollenen Gesichtern herumsitzen, aus den Augen fließen immer wieder Tränen, aus den Mündern kommt Flüstern, Jammern und auch Kichern. Ich sitze mittendrin. Dann habe ich es endlich geschafft. Wir gehen nach Hause.

In unser wunderschönes Haus, in das wir erst vor einem Jahr eingezogen sind und das ich liebe, weil es ungewöhnlich ist, so, wie ich es noch nie bei jemand anderem gesehen habe. Aber unser frecher Rauhaardackel, der sonst immer zur Begrüßung einen Salto rückwärts macht, liegt jetzt mit eingeklemmtem Schwanz in einer Ecke und knurrt, wenn man ihm zu nahe kommt.

Und mein Vater ist nur noch nachts da, wenn ich träume, dass ich nur geträumt habe, dass er gestorben ist. Im Traum wache ich aus einem schlimmen Traum auf und falle ihm erleichtert in die Arme, als er die Treppe herunterkommt. *Plötzlicher Herzstillstand? So ein Schmarrn! Ich hab's dir doch erklärt, ich hab' einen kleinen Herzklappenfehler, aber nichts Schlimmes. Ich bin erst 32, der Internist hat gesagt, es reicht, wenn ich mit 50 einmal operiert werde. Da bist du längst erwachsen! Jetzt beeil dich mit dem Frühstück, damit wir loskönnen!* Er geht in den Flur und nimmt die Leine vom Haken. Der Dackel, der nur ihm gehorcht, folgt ihm auf der Ferse...

Doch dann wache ich im Elternschlafzimmer auf, in das ich übergesiedelt bin, und es ist nur meine Mutter da, und die ist auch nicht wirklich da, steht total neben sich, guckt Löcher in die Luft. Meine Mami ohne meinen Papi, das kapier ich nicht. Und mich selbst ohne meinen Papi, das kapier ich noch viel weniger. Ich kapier gar nichts. Die Welt hängt auf dem Kopf und kommt erst in der nächsten Nacht in Ordnung, wo wieder alles nur ein böser Traum war und alles wieder gut ist.

Eigentlich wollten wir die Ferien auf der Nordseeinsel Föhr verbringen. Jetzt bieten die Eltern der Zwillinge meiner Mutter an, mich in den Familienurlaub mitzunehmen, und sie nimmt das Angebot an. Auch ich bin froh, der unwirklichen Atmosphäre zuhause zu entkommen und mit meinen Freundinnen zusammen zu sein. Wir spielen, machen Bootsfahrten auf dem See, Partys im Heustadel. Jeden Morgen, jeden Abend wird für mich das siebte Gedeck aufgelegt. Vor den Mahlzeiten werden herzhafte Chöre gesungen. Sieben Stimmen, das macht schon was her. Auch meine Stimme ist schön und kräftig. Einmal wurde ich sogar unter allen Kindern für die Hauptrolle im Schulmusical ausgewählt. Ganz allein auf der Bühne habe ich vor einer überfüllten Turnhalle das Lied des Schuhputzerjungen Chico gesungen, viele Strophen hindurch, nur in den Refrain hat der Chor mit eingestimmt. Leider sind meine Eltern an dem Abend zu spät gekommen und haben nur noch ganz hinten einen Platz gekriegt. Außerdem hat man mich auf einen Pappkarton gesetzt, auf dem ich singend einen Schuh wienerte, und dieser Karton war viel zu schwach für mein Gewicht. Um nicht vor aller Augen einzukrachen, musste ich die ganze Zeit die Bauchmuskeln anspannen, und deshalb war meine Stimme wohl nicht ganz so kräftig wie sonst. Jedenfalls haben meine Eltern mich dahinten kaum mehr gehört. Das hat mich damals nicht weiter betrübt, aber jetzt, wo ich mit der Familie meiner Freundinnen die schönsten Lieder schmettere, erinnere ich mich daran. Der Triumpf lässt sich nun nicht mehr nachholen, er wird mich nie mehr singen hören. Ich bin unter Freunden, aber alle um mich herum sind lang und dünn und katzenäugig und ich bin kindlich klein und pausbackig und kulleräugig. Ich bin nicht eine von ihnen. Ich erzähle ihnen jeden Abend eine erfundene Gute-Nacht-Geschichte und sie hören mir gespannt zu, aber das macht noch lange nicht, dass ich hier wirklich hingehöre. Da kann ich noch so viel Spaß haben, ich fühle mich verloren. Ich will da sein, wo ich hingehöre.

Das, wo ich hingehöre, gibt es nicht mehr. Nach den Ferien komme ich mit meiner Reisetasche durch die Tür unseres Hauses und alles fehlt. Er fehlt. Auch der Dackel fehlt. Er hat sich nicht mehr beruhigt und mehrmals nach meiner Mutter geschnappt, so dass sie ihn zu meinem Onkel gegeben hat. Auch zwischen meine Mutter und mich hat sich etwas geschoben, ich weiß nicht was.

Die Wochen, in denen ich weg war, sind nicht ungenutzt verstrichen. Den Familienbetrieb, in dem meine Mutter bisher mitgearbeitet hat, gibt es nicht mehr. Der Bürgermeister, ein Freund meines Vaters, hat ihr eine Vollzeitstelle in der Gemeindebücherei vermittelt, von der wir jetzt leben werden. Meine Grundschulzeit ist zu Ende, ich gehe jetzt ins Gymnasium, in eine neue Klasse. Meine Mutter ist auf der Suche nach einer kleinen Wohnung, weil für das Haus bereits ein Nachmieter gefunden ist.

Diese Nachmieter sitzen eines Abends bei uns am Esstisch. Sie heißen so ähnlich wie „Frankenstein" und so sehen sie auch aus. Die ältere Frau hat einen rot gefärbten Haarberg auf dem Kopf und hervorquellende Augen hinter ihren dicken Brillengläsern. Sie ist so böse, wie ich nur je einen Menschen erlebt habe, in meinen Augen eine richtige Hexe. Sie hat ihre erwachsene Tochter und ihren Schwiegersohn dabei, die drei sitzen um meine Mami und mich herum und schimpfen auf uns ein. Es geht darum, dass sie schneller einziehen wollen. Meine Mami beharrt aber auf ihrem Recht, in Ruhe eine Wohnung zu suchen. Die Frankenstein-Hexe steigert sich in eine Wut hinein, kriegt sich gar nicht mehr ein und brüllt sie an: „Was glauben Sie denn eigentlich, wer Sie jetzt noch sind? Ziehen Sie doch mit Ihrem Kind nach Neuperlach, wenn Sie hier nichts finden!" Mami ist wie vor den Kopf geschlagen. „Wir sollen nach Neuperlach?" Das reizt die Frau zur Weißglut. Sie brüllt, dass ihr die Spucke aus dem Mund fliegt. Mami kriegt es jetzt richtig mit der Angst und geht zum Telefon, um die Polizei zu rufen. Die Frau reißt ihr das Telefon aus der Hand. „Lauf zu den Nachbarn und hol Hilfe!", ruft Mami. Das mache ich und zehn Minuten später sind die Horrorgestalten sanft wie Lämmer aus unserem Haus verschwunden. Wenn mir jemand anderes diese Geschichte erzählen würde, ich würde sie ihm nicht glauben, oder zumindest für übertrieben halten. Aber genau so ist dieser Abend verlaufen, Bild für Bild eingebrannt in meinem Gehirn. Genau so sind diese Menschen mit uns umgegangen und sie hätten uns nicht deutlicher zeigen können, dass unser Leben nichts mehr dem Leben zu tun hat, das wir bisher gelebt haben.

Die Zeit vergeht. Wir wohnen jetzt in einer Zwei-Zimmer-Wohnung. Mami arbeitet den ganzen Tag und abends geht sie oft aus. Nach einem Jahr hat sie einen neuen Freund, der jetzt meistens beim Essen mit dabeisitzt. Sie verstehen sich nicht besonders gut. Auch zwischen Mami und mir gibt es ständig Streit, weil ich unverschämt, bockig und eine schlechte Schülerin geworden bin. In ihrer Mittagspause kommt sie jeden Tag nach Hause, um mir ein warmes Mittagessen zu kochen, aber oft trödle ich so lange auf dem Heimweg herum, bis ich sicher sein kann, dass sie wieder zurück in der Arbeit ist und mir keine Vorwürfe wegen der schlechten Noten machen kann. Manchmal sperre ich mich im Bad ein und verkrieche mich hinter Papis Bademantel, der da am Haken hängt, weil meine Mutter ihn jetzt trägt. Die Nachmittage verbringe ich in eine Decke gewickelt mit einem großen Teller belegter Brote vor dem Fernseher oder mit meinen Pferderomanen.

Ein Jahr nach dem Tod meines Vaters stirbt der Vater meiner ältesten Freundin durch Selbstmord. *Jedem*, im Bus, im Laden, in der Nachbarschaft, erzählt sie von ihrem Unglück und genießt das Mitleid und die Aufmerksamkeit, die ihr zuteilwerden. Ich stehe daneben und winde mich vor Beklemmung. Wie kann sie nur! Ich selber schweige wie ein Grab, will auf keinen Fall, dass die Leute wissen, dass mein Vater nicht mehr lebt, dass ich ohne Vater und also nur ein halber Mensch bin. Ich schäme mich, dass ich keinen Vater habe. Und vor allem hasse ich Mitleid.

Einmal, als ich in den Sommerferien Reiterferien am Chiemsee machen darf, sitzen die Mädchen am Abend in einem der Zimmer zusammen und ratschen. Das Gespräch kommt auf die Väter, eine nach der anderen erzählt, was ihr Vater macht. Ich komme in schreckliche Bedrängnis, gleich ist die Reihe an mir, was soll ich nur sagen? Dass mein Vater *tot* ist? Nie würde mir das über die Lippen kommen. Das kann ich auf keinen Fall sagen. Ich renne aus dem Zimmer, laufe in den Stall zu den Pferden, mein Herz klopft, als sei ich um mein Leben gerannt. Da sitze ich, während die anderen im Zimmer ratschen. Wie kann ich jemals wieder dazugehören?

Mit meinen Gefühlen komme ich überhaupt nicht mehr klar. Also versuche ich, so wenig wie möglich zu fühlen. Ich gehe zur Schule. Nach außen wirke ich zumindest so normal, dass mich niemand anspricht. Da mich hier nur wenige so kennen, wie ich einmal war, fällt niemandem auf, wie sehr ich mich verändere. Die ersten schlechten Noten tun noch weh, dann gewöhne ich mich daran. Dass ich nicht mehr so beliebt bin wie früher, finde ich total normal. Schon seltsamer kommt mir vor, dass ich plötzlich nicht mehr zeichnen und malen kann. Das ist mir, von der man gewohnt war, schöne Bilder zu sehen zu bekommen, so unangenehm, dass ich meine Mappe aus dem Kunstunterricht zuhause hinter dem Schrank verstecke. Freiwillig nehme ich keinen Stift, keinen Pinsel mehr in die Hand. Es fragt auch keiner danach. So, wie ich drauf bin, bin ich ganz froh, dass man von mir nicht mehr so viel mitbekommt. Meine Mutter hat sowieso keinen Nerv mehr für mich. Es kommt mir so vor, als sei ich für sie nur noch Frust und Belastung. Ständig haben wir Stress. Und jeden Tag wird die Mauer, die ich um mich herum baue, ein bisschen dicker und höher. Innerhalb dieser Mauer fühle ich mich recht sicher.

Es gibt noch einen Ort, an dem ich mich gut und sicher fühle: bei meiner Tante. Sie ist die jüngste Schwester meines Vaters, nur 13 Jahre älter als ich selbst, und in den zwei Jahren nach seinem Tod nimmt sie mich immer wieder in den Ferien bei sich auf. Sie gibt mir das Gefühl, froh zu sein, dass ich bei ihr bin und dass ich ein witziges und liebenswertes Kind bin. Ich babysitte, füttere und wickle meinen kleinen Cousin und bald noch meine neugeborene Cousine, und weil ich so gerne im Freien schlafe, campiert die Tante ganze Nächte mit mir auf dem Garagendach.

Doch dann wird plötzlich ihr Mann schwer krank. Ein Arzt ist unterwegs. Ich höre den Onkel im Schlafzimmer stöhnen. Da packt es mich. Ich laufe davon. Mit zitternden Knien wandere ich allein durch das Städtchen, stundenlang, und kehre erst zurück, als ich sicher bin, dass „es" vorbei ist. Ich finde meine eigene Feigheit grauenvoll. Und irgendwie kommt es so, dass ich keine Ferien mehr bei meiner Tante verbringe. Leider.

Mit zwölf mache ich mich auf den Weg in die Erwachsenenwelt. Ich rauche meine ersten Zigaretten, schminke mich, trage Miniröcke und gehe auf Partys in den örtlichen Jugendheimen. Ich versuche, cool zu sein. Nichts ist so erstrebenswert, wie cool zu sein. Dass man nicht cool sein kann, wenn man ein planloses Kind ist, kapiere ich noch lange nicht. Ich verknalle mich immer in die älteren, großen, beliebten, unerreichbaren Jungs, die nicht einmal wissen, dass ich existiere. Ich ritze mir ihre Initialen in den Arm, schreibe sie fünftausendmal mit Kreide auf Kieselsteine und hoffe, dass sie das auf magische Weise in mich verliebt macht.

Später bin ich Teil verschiedener Cliquen. Es ist eine Erleichterung, dass die Eltern langsam bei allen immer seltener auf den Plan treten, so dass ich nicht mehr ganz so sehr auf der Hut sein muss, dass die Sprache auf den Vater kommt. In vielen Dingen bin ich gehemmt, aber welcher Teenager ist das nicht? Ich lerne, mit meinen Hemmungen, mit meiner Schwäche, mit meiner Andersartigkeit, von der ich nicht weiß, woher sie kommt, zu leben. So wie bei jemandem, der eine Narbe auf der Stirn hinter Haarsträhnen verbirgt, bekommt einfach niemand meine verletzliche Seite zu sehen. Die ist so gut weggepackt, dass ich sie selbst meistens vergesse. Nur manchmal begegne ich Menschen, die meine Wunde spüren und mit dem Finger hineinstochern. Diese Menschen hasse ich leidenschaftlich. Um diesen Menschen aus dem Weg zu gehen oder auch nur Situationen, in denen ich solchen Menschen begegnen könnte, mache ich gewaltige Umwege. Selbst, wenn mir dadurch Schaden entsteht. Selbst dann noch, als ich schon lange kein Kind mehr bin.

Mein Vater war 33 Jahre alt, als er an plötzlichem Herzversagen starb. Meine Mutter war 32 Jahre alt, als sie zur Witwe und Alleinerziehenden wurde. Ich war zehn. Ich hatte keine Geschwister. Da meine Mutter den Verlust nicht gut verkraftete, mich zwar „versorgte" und manchmal sogar verwöhnte, gefühlsmäßig aber unerreichbar für mich blieb, war ich mit meiner Trauer allein. Es war mir unmöglich, mich dieser Trauer zu stellen. Sie war einfach zu groß, und ich spürte instinktiv, dass keiner da war, der mich auffangen würde, wenn ich mich fallen ließ. Die Mutter einer Freundin sagte angesichts meiner zunehmenden Frechheit und Verwilderung einmal, dass man merke, dass bei mir zuhause die starke Hand fehle. Sie meinte wohl eine starke Hand, die mich hin und wieder in meine Grenzen verwiese. Und die starke Hand fehlte tatsächlich. Ich hätte diese starke Hand gebraucht, um mich zu fangen, zu halten, zu bestätigen, zu beruhigen. Ich hätte sie gebraucht, um den Verlust der starken Hand in meinem Leben anzunehmen und auszuhalten. Ohne diese starke Hand konnte ich nicht anders, als den Tod meines Vaters im Inneren zu verleugnen.

Aber das habe ich erst sehr viel später begriffen. Es musste erst ein halbes Leben vergehen, mit Hochs und Tiefs, mit vielen unendlich glücklichen Momenten, aber auch mit Zeiten der Isolation und der Feindseligkeit, mit vielen großen Chancen, die zu ergreifen ich zu ängstlich war und die mich dann in unendlicher Leere zurückgelassen haben. Es gab Phasen lähmender Untätigkeit und beklemmender Todesangst.

Bis ich eines Tages auf meiner ewigen Flucht vor dem Schmerz von einer neuen Katastrophe eingeholt wurde. Zwei meiner Kinder starben vor ihrer Geburt. Ich brachte sie tot zur Welt. Ich dachte, ich würde mit ihnen sterben. Der Schmerz war unsäglich. Aber dieses Mal spürte ich ihn deutlich. Und ich spürte noch etwas: Ich spürte, dass die Tore aufbrachen, die Mauern abbröckelten, dass der Panzer, den ich um meine Gefühle errichtet hatte, in sich zusammenfiel.

Meine Tränen schwemmten meine Verteidigung davon. Ich war nackt, roh, absolut verletzlich. Und erst da merkte ich, wie sehr man in solchen Stunden Menschen braucht, die den Schmerz sehen, auch in seinen hässlichen und wütenden Seiten; Menschen, die ihn aushalten, die bei einem bleiben, wenn man verzweifelt ist, die einen halten, wärmen, auffangen. Starke Hände. Gott sei Dank gab es diese Menschen.

Ich habe aber auch gelernt, wie grausam es in einem so verletzten und schutzlosen Zustand ist, wenn jemand dasteht und sein Mitgefühl verweigert. Sich umdreht und weggeht. Das fühlt sich an wie ein Schlag mit dem Brett auf den Kopf. Später weiß man, dass meist Angst und Unvermögen hinter solchem Verhalten stehen, aber in dem Moment selbst bezieht man es nur auf sich, sucht den Fehler bei sich selbst.

Erst, als ich das alles deutlich sehen konnte, habe ich angefangen, auch mein Kinder-Ich zu verstehen. Dieses Ich war so verunsichert, dass es sich in ein Schneckenhaus zurückzog. Und dann immer mehr darunter litt, dass man es nicht *sah* und nicht *verstand*. Wie oft habe ich Menschen mit mir sprechen hören, als meinten sie nicht mich, sondern ein dümmeres, weniger entwickeltes Wesen. Wer kann es ihnen vorwerfen, wo ich doch alles wirklich Wichtige verborgen hielt?

Wer gesehen werden will, muss wohl oder übel aus der Deckung gehen.

Wie viele Kinder habe ich auf den Verlust nicht mit Tränen reagiert, sondern mit dem Wunsch, dass es nicht wahr sei. Diesen Wunsch habe ich mir selbst mit Spielen, Lachen, Singen und mit allem, was „normal" ist, erfüllt. Die Erwachsenen sahen es und meinten, dass ich es erstaunlich gut verkraftete. Vielleicht waren sie sogar enttäuscht, befremdet? Jedenfalls sahen sie nur die Außenseite. Der Verlust meines Vaters, dem ich in so vielem gleiche, mit dem mich so viel verbindet, der mir so viel beigebracht und mir so viel Selbstvertrauen geschenkt hat, war einfach zu schwer, als dass ich ihn hätte eingestehen können. Wenn ich ihn ausgesprochen oder sogar darüber geweint hätte, wäre sein Tod erst richtig Wirklichkeit geworden. Diese Wirklichkeit habe ich abgewehrt, solange ich konnte. Bis ich es eben nicht mehr konnte.

Heute sehe ich das Mädchen, das ich war, und würde es am liebsten fest in den Arm nehmen. Ich würde ihm versichern, dass ich da sein würde, wenn es mich brauchte, dass ich auch nicht weggehen würde, wenn es die Kratzbürste und den Wildfang spielte. Ich würde es genau ansehen und im Auge behalten. Ich würde es ermutigen, zu sich und seinen Gefühlen zu stehen, das Leben *ohne* Vater irgendwann zu akzeptieren und das Leben *mit* Vater in stolzer Erinnerung zu bewahren. Ich würde ihm sagen, dass die Chancen nicht schlecht stünden, dass aus der Schwäche, in der es sich gefangen fühlt, irgendwann eine ganz besondere Kraft wachsen könne. Ich würde ihm meinen Respekt ausdrücken für alle Dinge, die es auf die Beine stellt, wofür andere einen Vater brauchen. Ich würde ihm zeigen, dass es nicht alleine ist, dass es tausende Kinder gibt, die dasselbe erleben, auch wenn im unmittelbaren Umfeld alle in einer heilen Welt zu leben scheinen, in einem Paradies, aus dem es sich vertrieben fühlt.

Vor allem aber würde ich es ermutigen, das Leben in vollen Zügen zu leben, ohne Mauer und ohne Angst. Denn die Angst schützt uns nicht vor dem Tod, mit dem wir schon in so frühen Jahren bekannt gemacht wurden. Er kommt, wann es ihm beliebt. Aber bis dahin gibt es jede Menge Freude, Fülle, Liebe, Glück und Arbeit. Man muss sie sich nur nehmen.

Barbara, 41 Jahre

Dunkle Jahre

Meine Mutter starb an einem Gehirnschlag, als ich 15 Jahre alt war. Wenn ich heute, nach 32 Jahren, darüber spreche, merke ich, wie weit alles weggerückt ist – und wie es doch *in mir* ist und mich bestimmt.

Dabei ist es keineswegs so, dass zuvor alles gut gewesen wäre und ihr Tod mich aus einem glücklichen Leben katapultiert hätte. Seit ich mich erinnern konnte, waren meine Eltern immer zerstritten gewesen. Mein Vater war immer weniger zuhause, auch abends und am Wochenende nicht. Meine Mama versuchte immer, ihn zu halten, ihn umzukrempeln, die anfänglich wohl gute Zeit wiederherzustellen. Aber seine Anwesenheit wurde immer spärlicher. Irgendwann trennten sie sich. Mein Vater lebte nun gar nicht mehr zuhause und hatte eine Beziehung zu einer sehr viel jüngeren Frau. Ich kannte sie vom Sehen, durfte aber keinen Umgang mit ihr haben, denn ich musste ja immer solidarisch mit meiner Mutter sein. Feindbild Papa. Trotzdem machten meine Eltern Mitte der Siebziger noch einmal gemeinsam Urlaub und zu unserer großen Freude und Überraschung bekamen wir noch ein Schwesterchen geschenkt, das elf Jahre jünger ist als ich und 13 Jahre jünger als mein Bruder. Aber auch das brachte meine Eltern nicht wieder zusammen.

Ich glaube, dass meine Mutter nicht so früh gestorben wäre, wenn sie nicht so unglücklich gewesen wäre, seit Jahren schon. Ich weiß noch, wie ich ein Jahr oder ein halbes Jahr vor ihrem Tod nachts nicht schlafen konnte und sie weinend im Dunklen sitzend fand. Ich tröstete sie und fragte sie, was sie habe. Und da sagte sie zu mir: „Ich glaube, ich lebe nicht mehr lange."

Daran erinnere ich mich deutlich.

Ich war also schon lange mit Problemen belastet, die an sich im Leben eines Kindes nichts zu suchen haben. Ich litt an mangelnder Konzentration, bekam Schwierigkeiten in der Schule, wechselte vom Gymnasium auf die Hauptschule. Als ich 13 war, beschloss meine Mutter, dass sie mit mir nicht mehr fertigwürde und schickte mich aufs Internat, wo ich die mittlere Reife machen sollte. Von der pragmatischen Seite betrachtet war das sicher eine gute Lösung, denn ich konnte mich im Internat – fern von allen häuslichen Belastungen – tatsächlich besser auf die Schule konzentrieren. Aber ich fühlte mich dennoch auch abgeschoben. Wegen ihres Geschäfts hatte meine Mutter immer wenig Zeit für uns gehabt und ausgerechnet jetzt, da sie wegen unserer neuen kleinen Schwester das Geschäft aufgegeben hatte und viel mehr Zeit zuhause verbrachte, schickte sie mich weg.

Zu den Pfingstferien 1981 fuhr ich mit dem Zug nach Hause. Ich hatte meine Mama angerufen, wann sie mich abholen konnte. Ich kam an und sie war nicht da. Da wusste ich schon, dass etwas nicht stimmte. Mein Papa stand mit einer Freundin meiner Mutter am Bahnhof, das war sehr ungewöhnlich. Im Auto sagte er mir, dass Mama nach einem Gehirnschlag im Krankenhaus im Koma läge. Du hörst das und du sitzt da plötzlich wie unter einer Kugel, an der die Nachrichten abprallen. Es kommt erst einmal gar nicht an dich ran, weil du es überhaupt nicht verstehen kannst. Du kannst es nicht zuordnen, nicht nachvollziehen.

Mein Bruder hatte sie gefunden, als er nachhause gekommen war. Meine kleine Schwester war mit ihr im Schlafzimmer und weinte und schrie wie verrückt. Meine Tante, die im oberen Stockwerk lebte, kam schnell dazu und man rief einen Krankenwagen. Wir lebten auf dem Land, und bis man im Krankenhaus war, war es unter medizinischen Gesichtspunkten schon zu spät, um sie in die nächste große Stadt in eine bessere Klinik zu bringen. Das Ganze hatte sich in der Nacht vor meiner Ankunft ereignet.

Ich kam nach Hause und lief zu meinem Bruder. Er lag auf dem Bett und ruhte sich aus. Statt einer Begrüßung sagte er zu mir: „Geh nicht ins Krankenhaus. Behalte sie so in Erinnerung, wie sie war." Da wusste ich erst, wie schlimm es stand. Aber es kam natürlich nicht für mich in Frage, nicht ins Krankenhaus zu fahren, ich wollte sofort zu meiner Mutter.

Sie lag auf der Intensivstation und war verkabelt. Ich weiß noch, wie ich zu ihr hineinwollte, und wenn ich dann bei ihr drinnen war, hielt ich es nicht aus und wollte wieder raus. Ich konnte mich nicht lange an ihr Bett setzen.

Wir fuhren wieder nach Hause. Am nächsten Tag wollte ich wieder zu ihr, und wieder konnte ich mich da nicht aufhalten, nicht an ihrem Bett sitzen, nicht mit ihr reden. Ich konnte mit der Situation einfach nicht umgehen und ging schnell wieder hinaus. Man wurde damals auch nicht ermutigt, sich damit auseinanderzusetzen. Alle rundherum waren völlig überfordert und hilflos. Auch von Seiten des Krankenhauses gab es keine Unterstützung, wie es heute – zumindest manchmal – der Fall ist.

Ein paar Tage später traf man die Entscheidung, die Apparate abzustellen. Es wurde gesagt, dass ihr Gehirn so stark geschädigt wäre, dass es sich nicht mehr erholen würde. An diesem Tag wachte ich morgens auf, ging zum Frühstücken in die Küche und da stand schluchzend mein Papa und sagte, dass die Mama gestorben sei. Er stand dabei mit dem Rücken zu mir, er war erschüttert und fassungslos und konnte es nicht ertragen, mich anzusehen. Ich erinnere mich genau, wie ich Schwierigkeiten hatte, dem zu folgen, wie ich den heulenden Papa nicht verstand, der jetzt

die Frau beweinte, die er jahrelang hintergangen und dann im Stich gelassen hatte. Die ganze Situation war grotesk. Ich ging in mein Zimmer.
Schließlich gingen wir alle noch einmal zu ihr: Ich, mein Vater, mein Bruder, Oma und Opa, meine Tante, die Schwester meiner Mutter.

Ich erinnere mich, dass wir uns in etwas befanden, das mir wie ein Fahrstuhl vorkam. Alles war aus Stahl, ein kalter, steriler Raum. Mama war tot. Ich erinnere mich, dass sie eine Binde ums Gesicht gebunden hatte, damit das Kinn nicht herunterfiel. Wir standen alle um sie herum und ich hätte sie wahnsinnig gerne noch einmal angefasst und geküsst, ich hätte gerne gesagt: „Mama, geh' nicht..." oder „Warum tut niemand was?" Ich hätte so gerne irgendetwas gemacht, geweint, geschrien, um mich geschlagen. Aber nichts kam aus mir heraus, niemand hat mich ermutigt, niemand hat sich gerührt. Niemand hat sie angefasst, niemand hat sie geküsst. Das finde ich eigentlich am schlimmsten, wenn ich davon erzähle, muss ich noch heute weinen. Jahre später hatte ich einen schlimmen Alptraum: Ich befand mich unter Wasser in einem Fahrstuhl, der in rasender Geschwindigkeit in die Tiefe des Meeres stürzte. Ich muss so geschrien haben, dass die Freunde, bei denen wir damals das Wochenende verbrachten, dachten, jemand wäre eingedrungen und wollte mich ermorden. Dieser Traum steht für mich mit der Szene im Krankenhaus in Verbindung. Es war so steril und so kalt. Und dann war es auch schon vorbei. Mir kommt es vor, als wären es nicht mehr als fünf Minuten gewesen. Das war's dann. Es war ein Schock. Vorbei. Nichts mehr zu tun. Der Abschied fehlte, die Stunden, die man bei dem Verstorbenen verbringen sollte, um die Situation zu begreifen.

Sie wurde weggebracht und wir verließen das Krankenhaus. Alles ging rasend schnell. Jeder kaufte sich schnell was Schwarzes zum Anziehen. Ich selbst ging aber nur zur Beerdigung in schwarz.

Danach galt es zu funktionieren. Man ging zur Tagesordnung über. Meine Erinnerungen an die Zeit danach sind seltsam und sporadisch und irrational. Ich erinnere mich beispielsweise, wie wir Tage später mit Freunden im Restaurant waren und wie ich mit einer weißen, transparenten Bluse meiner Mutter und einem Jackett darüber am Tisch saß. Es war Sommer und sehr warm. Mein Bruder brüskierte mich mit einer unangemessenen Bemerkung zu meiner Kleidung, die mich erstarren ließ. Dann saßen wir am Tisch und ich dachte: Die tun alle so, als sei nichts passiert. Ich konnte nicht verstehen, warum man plauderte und lachte. Ich fühlte mich als Fremdkörper.

In den Wochen und Monaten bis zum Beginn des nächsten Schuljahres blieb ich weitgehend zuhause und kümmerte mich auch um den Haushalt. Das war normal, mein Bruder und ich waren beide so erzogen, dass immer jemand etwas mithelfen musste. Ansonsten war ich viel mit meinen Freunden unterwegs, kam oft sehr spät nach Hause, was meinem Papa nicht gefiel, aber er hatte keine Chance, sich durchzusetzen. Meine Mama war die Respektsperson gewesen; nun fühlte ich mich einerseits allein und auf mich gestellt und andererseits auch irgendwie vogelfrei.

Mit der Freundin meines Vaters, mit der er schon jahrelang ein Verhältnis hatte, fuhren wir dann noch ein paar Tage in den Urlaub, unter anderem auch zu ihrer Schwester in Basel. Diese Begegnung habe ich in sehr guter Erinnerung, denn mit diesen Menschen hatten wir gute Gespräche über unsere Situation, es war leicht, mit ihnen zu reden, und sie haben auch mich dazu ermuntert, mich auszusprechen. Außerdem waren sie interessante Leute, die beide beim Theater arbeiteten und in einem tollen Bauernhaus lebten.

Dann musste ich wieder ins Internat. Hier gab es keinerlei unterstützende Trauerarbeit, wie man es in einem christlichen Umfeld mit Nonnen als Erziehungsberechtigten vielleicht erwartet hätte. Keinerlei „Seelsorge", keine Hilfe zum Thema Tod der Mutter.

Im Laufe des folgenden Jahres jagte eine Katastrophe die nächste. Drei Monate nach Mamas Tod starb auch ihr Vater, mein Opa, durch einen tragischen Autounfall. Meine Großmutter war so sehr in ihren doppelten Verlust gefangen, dass sie niemandem von uns helfen konnte. Das Geschäft meines Vaters ging den Bach runter. Obwohl meine Mutter in ihrem letzten Willen verfügt hatte, das Haus für uns zu schützen, wurde es geräumt und ging an die Bank. Als ich nach einem Jahr aus dem Internat kam, hatte ich nicht nur keine Mutter, sondern auch kein Zuhause mehr. Das war viel Verlust auf einmal.

Im Internat war nach der mittleren Reife Schluss. Eigentlich wollte ich noch mein Abitur machen, aber als ich nun wieder nach Hause kam und bei meinem anderen Großvater leben musste, fehlten mir der Rhythmus und das Umfeld dazu. Mein Vater wollte mich zu sich holen, aber ich hatte viel zu wenig Bezug zu ihm, und die Stadt, in der er nun lebte, fand ich fürchterlich. Ich konnte mir einfach nicht vorstellen, mit ihm zu leben, das war mir zu viel. Außerdem wusste ich, dass dort eigentlich kein richtiger Platz für mich war und sich auch niemand um mich kümmern würde. Denn es war ja nicht so, dass ich plötzlich einen liebevollen Vater gehabt hätte, der alles nachholen wollte, was er vorher versäumt hatte. Er saß auch viel zu tief in der Patsche, wegen Mama, wegen der Firma, wegen allem. Er konnte niemandem eine Hilfe sein.

Mein Bruder lebte zuerst bei meinem Papa, mit dem er sich immer sehr gut verstanden hatte. Aber etwa ein Jahr nach Mamas Tod kam es zu einem großen Bruch zwischen den beiden, der bis zum Tode meines Vaters nie mehr heilen sollte. Zu diesem Zeitpunkt hatte mein Bruder bereits sein Abitur, suchte sich eine Wohnung und stellte sich auf die eigenen Beine. Er wurde später beruflich sehr erfolgreich, baute außerdem eine stabile Beziehung zu seiner Frau auf und zog drei Kinder mit ihr groß.

Aber ich war noch zu jung, um es selbst zu schaffen. Ich hätte noch Unterstützung gebraucht. Ich schlug mich durch, mit meinem Ausbildungsgeld, meinen 190 Mark Halbwaisenrente, Jobs in Bars und Cafés. Ich funktionierte, das Funktionieren hatte ich von der Mama gelernt. Aber ich hatte nichts zu sagen. Mein Platz in der Familie war ein anderer als der meines Bruders.

Er und ich waren damals schon auf unterschiedlichen Planeten unterwegs. Ich war das Hippiemädchen, das mit den „Bösen" unterwegs war, mit denen, die nichts taugten, die kifften, grün waren, öko waren, kontra, anders. Nach einiger Zeit, als es keinen Ort mehr gab, den ich mein Zuhause nennen konnte, fragte mich eine Freundin, ob ich zu ihr ziehen wollte. Sie hatte wie ich ihre Mutter verloren, war also in der gleichen Situation wie ich, nur dass sie durch ihren Vater finanziell abgesichert war. Sie lebte mit Freunden in einer WG in einem Haus auf dem Land. Ich zog mit ein und lebte einige Zeit gerne dort. Alles war unkonventionell und freundschaftlich und entspannt, ich fühlte mich plötzlich nicht mehr auf der Flucht vor meiner Familie, in der alle immer nur meckerten und Druck ausübten.

Mein Bruder war auch sehr überfordert, aber wir fanden nicht zueinander in unserer Not. Er war mit meinem Lebensstil nicht einverstanden und sah mich umgeben von Losern. Wir fanden keine gemeinsame Sprache.

Wir alle entwickelten damals eine ziemlich kalte Schulter, waren zynisch und gingen nicht gut miteinander um, auch nicht mit den Leuten aus unserer nächsten Umgebung. Zwischen meinem Bruder und mir ist das bis heute mehr oder weniger so geblieben. Wenn wir es dagegen mit anderen Menschen zu tun haben, die ein ähnliches Schicksal erleiden, sind wir zu viel Empathie fähig. Als ein Klassenkamerad seines Sohnes seine Eltern verlor, hätte mein Bruder das Kind wohl spontan adoptiert, wenn meine Schwägerin dazu bereit gewesen wäre.

Eine gute Bekannte verstarb vor einigen Jahren, ich kannte auch ihre Tochter, und wenn ich später in meiner Heimatstadt zu Besuch war und sie traf, redete ich ganz offen mit ihr, erzählte ihr von meinem Schicksal und sagte ihr, dass ich wusste, wie es ihr ging, und dass ich mit ihr fühlte. Ich schenkte ihr gerne eine Kleinigkeit oder lud sie in ein Café ein.

Sie sagte einmal: „Du brauchst mir doch nichts schenken." Und ich erwiderte: „Doch, ich möchte das gerne. Ich habe deine Mama gemocht und sie selbst kann es nicht mehr tun." Ich wollte mit diesen Gesten einfach meine Verbundenheit zum Ausdruck bringen, weil ich wusste, wie wohltuend das sein kann. Eine Freundin meiner Mutter, die sich in den Jahren nach ihrem Tod um mich bemüht hatte, machte mir zum Abschluss meiner Ausbildung ein kleines Geschenk und das war ein schönes Gefühl der Anerkennung, für das ich heute noch dankbar bin.

Meine Mama war gestorben, meine engste Bezugsperson, die einzige, die mir auch etwas zu sagen hatte. Mein Vater war ja kaum da gewesen und hatte mich bisher nicht einmal groß zur Kenntnis genommen. Erst, als die Mama gestorben war und ich vor Beginn des nächsten Schuljahres zuhause war, trat ich in seinen Wahrnehmungsbereich. Er staunte darüber, wie ich den Haushalt schmiss, was ich alles machte und konnte. Aber das war zu spät, das konnte mich zu diesem Zeitpunkt nicht mehr sehr berühren.

In der Familie wurde wenig bis gar nicht über meine Mutter geredet. Ich habe es immer wieder versucht, bin damit aber meist angeeckt. Mein Bruder sagte immer: „Reden ändert nichts." Ich stieß bei ihm auf Abwehr. Ich brauchte bloß eine Bewegung machen, wie meine Mutter sie immer gemacht hatte, und schon war es aus. Jeder in der Familie pflegte seinen eigenen Verdrängungsmechanismus.

Außerdem waren wir nach Mamas Tod auch immer mit anderen existenziellen Problemen beschäftigt und unser größtes Problemkind war der Papa selbst. Schon vor Mamas Tod und danach erst recht. Bei ihm lief alles völlig aus dem Ruder. Er fuhr die Firma, die einmal sehr erfolgreich gewesen war, an die Wand. Hatte Schulden. Dann wurde Falschgeld bei ihm gefunden und weil er durch eine frühere Steuersache schon vorbestraft war, musste er ein paar Monate ins Gefängnis. Vorher hatte er noch einen schweren Autounfall, für den man ihm Versicherungsbetrug unterstellen wollte. Seine Probleme waren wirklich gewaltig. Mein Bruder war sehr darin involviert, da er mit 18 Jahren schon geschäftsfähig war. Aber mit mir hat niemand darüber geredet, auch auf mein Nachfragen nicht. Ich war nie dabei, man ließ mich nicht Anteil nehmen. Ich war ausgegrenzt, obwohl unsere ganze existenzielle Problematik mich genauso emotional auf Trab hielt wie die anderen und absolut im Vordergrund stand. Dennoch habe ich in all der Zeit immer Verständnis für meinen Papa gehabt und beim Rest der Familie, zum Beispiel bei seinem eigenen Vater, die Trommel für ihn geschlagen, während immer mehr Menschen in unserem Umfeld anfingen, sehr schlecht von ihm zu sprechen. Das hat sehr wehgetan.

Selbst heute noch geht es, wenn ich von meiner Familie und deren Problemen spreche, hauptsächlich um meinen Vater und weniger um meine Mutter. Denn sie habe ich wenigstens in- und auswendig gekannt, sie ist klar umrissen und verständlich bis zum jähen Ende. Daher war es mein Vater, den ich kaum kannte, der aber meine ganze Kindheit mit ungeheuren Problemen beladen hatte, der mein Leben nachhaltiger belastete.

Das Trauma eines solchen Verlustes in einer zerrütteten Familie ist ein Schicksal, das ein Leben lang seelische Arbeit bedeutet. Dem kann man sich entweder stellen – oder es verdrängen. Bei uns kämpfte jeder für sich allein, mit dem Ergebnis, dass heute die Lebenden das Problem sind – nicht die Toten.

Die ersten zehn Jahre nach Mamas Tod, im Alter zwischen 15 und 25, war ich davon überzeugt, dass es mir besser gehen würde, wenn ich erst älter wäre. Ich brauchte Zeit. Und ich wusste, dass meine Zeit kommen würde. Gleichzeitig lief unbewusst auch immer die Angst mit, dass ich wie meine Mutter früh sterben würde. Die Neigung zum Aneurysma ist erblich, und wenn du sie geerbt hast, ist sie wie eine tickende Zeitbombe. Fünfjährige können daran sterben, Fünfunddreißigjährige, Siebzigjährige. Meine Mutter eben mit 43 Jahren. Irgendwo im Hintergrund herrschte bei mir eine Stimmung, dass es sich nicht lohnte, etwas Großes anzufangen. Es war immer schwer für mich, echte Ziele zu fassen; immer wieder brach ich etwas ab, weil ich keine Kraft mehr hatte, weil ich mich auf einer tiefen Ebene vor stressreichen Auseinandersetzungen schützen musste. Ich musste ja immer selbst auf mich aufpassen. Also habe ich mich oft geschont und ließ vieles einfach bleiben, sobald es schwierig wurde. Und so blieb mir die Anerkennung, die ich immer so vermisst hatte, auch weiterhin verwehrt. Auch die eigene Anerkennung meiner selbst.

Wenn ich daran denke, wie weit ich hinter meinen Möglichkeiten und Ambitionen zurückgeblieben bin, erfüllt mich das mit ebenso großem Bedauern wie die Missachtung, die ich dafür von meiner Familie ernte. Auch die Tatsache, dass wir Geschwister es bis heute nicht geschafft haben, einen freundlichen Umgang, familiäre Rituale und gelegentliche Treffen miteinander zu pflegen, schmerzt mich sehr. So sehr, dass ich manchmal darüber nachdenke, die immer wieder enttäuschte Hoffnung einfach loszulassen. Vielleicht würde mich das befreien.

Auch ich habe meine zwischenmenschlichen Baustellen durchaus gepflegt, das muss ich wohl zugeben. Ich habe mir immer einen Partner gewünscht, der mich nimmt, wie ich bin, auf den ich mich verlassen kann, der zu mir steht. Aber das brachte ich nicht auf die Reihe, hatte stattdessen immer ein Händchen für die beziehungsunfähigen Männer. Meine Eltern hatten ja schon sehr früh hart daran gearbeitet, mir das Thema zu vermiesen. Außerdem war ich phasenweise ausreichend damit beschäftigt, mit mir selbst klarzukommen, da ging mit Männern gar nichts. Ich war auch schrecklich misstrauisch. Ich konnte mich nicht öffnen.

Als ganz junge Frau wusste ich nicht einmal, wie man mit einem Mann vertrauensvoll spricht. Und ich war viel zu unglücklich, um hübsch zu sein, hielt mich für ganz und gar nicht attraktiv. Meine Mutter war in dieser Hinsicht so gekränkt gewesen, dass sie mich in der Pubertät als Flittchen bezeichnete, wenn sie mich beim Flirten ertappte. Das musste ich erst wieder loswerden. Ein körperliches Selbstwertgefühl, die eigene Anziehungskraft ausleben, dieses Frausein mit einem Mann, das hat mir einfach keiner beigebracht. Das musste ich erst lernen.

Ich war früh viel unterwegs. Ich trank und kiffte. Ich kam mit vielen verschiedenen, auch schwierigen und ungewöhnlichen Menschen in Berührung. Ich liebte dieses bunte Leben. Ich wollte lieber Abenteurerin, Grenzgängerin und Amazone sein, als mit 25 zu heiraten und Kinder zu bekommen.

Die Beziehungen, die ich hatte, waren meist mit Männern, die meinem Vater ähnelten, die gutaussehend, charmant und unzuverlässig waren und viel

Wert auf ihre Freiheiten legten. Wie damals für meinen Vater habe ich auch für diese Männer meist viel Verständnis, Treue und Langmut gezeigt, auch wenn sie sich in ihren Beziehungsmustern – milde ausgedrückt – eher ambivalent verhielten. Ich mag eben keine Brüche, schon gar keine harten, da muss schon erst viel passieren, bis ich mich trennen kann.

Mit Ende 20 begann ich eine längere Beziehung zu einem 13 Jahre älteren Mann. Ich traf ihn und wollte ihn sofort kennen lernen. Erst später stellte sich heraus, dass er am gleichen Tag Geburtstag hatte wie mein Vater und ich. Seine Frau befand sich seit Jahren im Wachkoma und er hatte existenzielle Probleme. Irgendwann erkannte ich, dass ich mit ihm wohl die perfekte Replik der grauenvollen Ehe meiner Eltern, und damit der Familiensituation meiner Herkunft, hinlegen würde. Davor hatte ich unüberwindliche Angst. Als ich schwanger wurde, trieb ich das Kind ab. Wir trennten uns.

Diejenigen Männer, die gut für mich gewesen wären, mit denen ich mich wohlfühlen hätte können, ließ ich einfach nicht an mich heran. Männer fanden mich meist ziemlich *tough*. Ich sehnte mich so nach Zärtlichkeit, war immer viel zarter und liebesbedürftiger als ich jemals eingestand, aber wenn ich einem Mann doch einmal näherkam, merkte ich, wie gehemmt und verschlossen ich war, wie unsicher darin, verführerisch zu sein, „Frau" zu sein.

Ich war freundlich, aber oft auch viel zu ehrlich, offen, direkt. Um aus diesem ganzen Lug und Trug, dieser verdrängenden Verschwiegenheit meiner Familie rauszukommen, hatte ich einen regelrechten Drang entwickelt, die Wahrheit immer überdeutlich zu zeigen, den Finger auf jede Wunde zu legen. Daraus entwickelte sich aber ein alles andere als sanfter Umgang mit meinen Mitmenschen, die sich oft provoziert und verletzt fühlten. Das war ein Schutzverhalten, um Stärke und Überheblichkeit zu demonstrieren. Meine Cousine sagte mir später einmal, dass sie nicht gerne bei uns zuhause gewesen sei, denn wir wären immer alle so zynisch gewesen. Da habe ich zum ersten Mal verstanden: Diese beißenden Provokationen sind bei weitem nicht für jeden witzig, selbst dann nicht unbedingt, wenn er mitlacht.

Aus dieser Erkenntnis heraus hat sich mein Verhalten gegenüber Männern und gegenüber meiner Umwelt im Allgemeinen über die Jahre deutlich entspannt. Heute bin ich bereit für einen treuen Partner, der mir ein Spiegel ist und mit dem ich zu meiner Stärke kommen kann, so wie meine Mutter vielleicht zu ihrer Stärke gekommen wäre, wenn sie nur den richtigen Partner gefunden hätte. Jemanden, der aufbaut, statt herunterzuziehen. Vielleicht finde ich noch jemanden, der zu mir passt.

Ich durfte sehr lange nicht so sein, wie ich war. Wenn ich mir etwas wünschen dürfte, dann wäre das, noch einmal Kind und Teenager zu sein, unbeschwert und fröhlich aufzuwachsen, um dann in Ruhe zu einem gesunden, guten Erwachsenen zu reifen, der seine eigenen Bedürfnisse und die von anderen wahrnehmen und respektieren kann. Dieser Prozess konnte durch die Gegebenheiten meiner Kindheit und Jugend nur verzögert stattfinden.

Heute sehe ich die Beziehungen und Umstände in meiner Familie als schädlicher für meine Entwicklung an als den Verlust meiner Mutter selbst. Meine Macken, meine Problematiken habe ich mir schon geholt, bevor meine Mutter starb. Einige Jahre nach ihrem Tod konnte ich mir sogar eingestehen, dass dadurch auch ein gewaltiger Druck von mir abgefallen war. Eine Riesenlast, die mir zuvor nicht einmal bewusst gewesen war: die Last ihres Unglücks in der Ehe mit meinem Vater, der sie betrogen und schließlich verlassen hatte. Ich hatte sie nie glücklich in ihrer Partnerschaft erlebt. In dieses Unglück hatte sie mich tief mit hineingezogen, hatte mich geschickt, dem Vater nachzuspionieren, hatte mich nachts aus dem Schlaf geweckt, wenn sie sich besonders heftig gestritten hatten. Ich war tief in ihre Probleme involviert, Probleme, die sie nicht zu meinen hätte machen sollen.

Trotzdem habe ich meine Mutter sehr vermisst und vermisse sie auch heute noch: ihre Geradlinigkeit. Ihre Unterstützung. Ihre Fähigkeit, Konflikte mit

Dritten zu klären. Unsere Mama hat uns sehr geliebt. Sie gab uns, was sie geben konnte. Versuchte trotz allem, uns Mut auf das Leben zu machen, war bestärkend und fürsorglich. Alle Eltern machen Fehler. Die ihren kann ich ihr angesichts der widrigen Situation, in der sie lebte, leicht nachsehen.

Heute fühle ich für meine beiden Eltern die gleiche Zuneigung und Sehnsucht, manchmal auch Wut und Trauer. Ich würde sie beide gerne einmal wiedersehen.

Am liebsten gemeinsam.

Einmal für mich allein und dann noch einmal gemeinsam mit meinen Geschwistern.

Astrid, 47 Jahre

Eines Morgens wachst Du nicht mehr auf.
Die Vögel singen, wie sie gestern sangen.
Nichts ändert diesen neuen Tagesablauf.
Nur Du bist fortgegangen.
Du bist nun frei und unsere Tränen
wünschen Dir Glück.

Johann Wolfgang von Goethe

Anmerkung

Die vorliegenden Texte basieren auf Tonbandaufzeichnungen von Gesprächen, die ich in den Jahren 2011 bis 2013 mit den Betroffenen geführt habe. Sie geben nach bestem Wissen und Gewissen die „Wahrheit" wieder, insofern diese der Erinnerung zugänglich ist.

Aufgrund der sensiblen Informationen sind die persönlichen Daten auf Vorname und Alter begrenzt, in manchen Fällen wurde auch für den Vornamen ein Pseudonym gewählt.

Der Text *Die starke Hand* beruht auf meinen eigenen Erinnerungen.

Dank

Die Zahl der hilfreichen Geister, die in ein solches Buchprojekt mit einfließen, ist so groß, dass ich zwar wüsste, wo anfangen, aber nicht, wo aufhören mit namentlichen Nennungen.

Und so bleibt mir nichts anderes, als mich bei allen, die mich während des Entstehungsprozesses direkt oder indirekt begleitet, mit Rat und Tat unterstützt sowie unermüdlich ermutigt haben, von ganzem Herzen zu bedanken. *Danke* Euch allen!

Mein ganz besonderer Dank aber gilt der Geduld und Großzügigkeit meines Mannes, Konrad Landes.

Barbara Landes wurde 1970 in dem Allgäuer Bergdorf Hindelang geboren, wuchs in Ottobrunn bei München auf und studierte Vergleichende Literaturwissenschaft, Anglistik und Romanistik in München, Berlin und Nottingham. Heute arbeitet sie als freie Lektorin und Autorin und lebt mit ihrem Mann und ihren beiden Söhnen in München-Schwabing.

Die von ihr herausgegebene Buchreihe *editionweiterleben* ist für sie eine Herzensangelegenheit. Ihr Ansatz: Die Trauer um einen Verlust will ausgedrückt sein. Und sie will verstanden sein. Von wem aber können wir dieses Verständnis besser lernen als von den Betroffenen selbst?